航空运输类专业新形态一体化教材

民航概论

中航协（上海）培训中心有限公司　组织编写

主编　夏洪山

中国教育出版传媒集团

高等教育出版社·北京

内容提要

  本教材为航空运输类专业新形态一体化系列教材之一。本教材紧紧围绕职业教育人才培养目标,遵循教育教学规律,内容编排以满足民航业发展对高素质技术技能人才的需求为出发点,做到"实用、适用、够用"。教材内容以民航运输生产过程为基础,较系统地介绍了现代民航运输生产所涉及的基本概念、基本方法和相关知识,共分九章,分别为民航运输业概述、民航运输管理体系、民航运输市场营销、民航运输生产与组织、民航货物运输管理、民航运输安全管理、民航运输服务质量管理、国际航空运输管理、民航运输信息服务。每章附有思考题,便于读者进一步理解和掌握相关内容。本教材紧密结合国内外民航业最新发展趋势,知识点讲解循序渐进,内容编排深入浅出,形式新颖,图文并茂,具有较强的知识性、实用性、系统性和可读性。

  本教材适用于高等职业院校、职业本科院校、应用型本科院校及中等职业学校航空运输类相关专业学生学习使用,也适用于民航企业相关从业人士学习及参考。

图书在版编目(C I P)数据

民航概论 / 中航协(上海)培训中心有限公司组织编写;夏洪山主编. ––北京:高等教育出版社,2023.12
ISBN 978-7-04-061222-6

Ⅰ.①民… Ⅱ.①中… ②夏… Ⅲ.①民用航空 – 概论 – 高等职业教育 – 教材 Ⅳ.①V19②F560.6

中国国家版本馆CIP数据核字(2023)第179745号

Minhang Gailun

策划编辑	张 卫	责任编辑	张 卫	封面设计	王 洋	版式设计 李彩丽
责任绘图	李沛蓉	责任校对	马鑫蕊	责任印制	存 怡	

出版发行	高等教育出版社	网　　址	http://www.hep.edu.cn
社　　址	北京市西城区德外大街 4 号		http://www.hep.com.cn
邮政编码	100120	网上订购	http://www.hepmall.com.cn
印　　刷	北京华联印刷有限公司		http://www.hepmall.com
开　　本	787mm×1092mm　1/16		http://www.hepmall.cn
印　　张	13.5		
字　　数	290 千字	版　　次	2023 年 12 月第 1 版
购书热线	010-58581118	印　　次	2023 年 12 月第 1 次印刷
咨询电话	400-810-0598	定　　价	42.00 元

近年来，我国民航运输业持续稳步发展，民航管理、企业经营、航班运行、质量和安全管理等领域的理念不断创新。在党的二十大精神的指引下，我国民航运输业正从"民航大国"向"民航强国"迈进。本教材全面贯彻党的二十大精神，落实立德树人的根本任务，积极践行社会主义核心价值观，通过对教材的学习使学生树立航空报国的远大理想。本教材依据国家和行业管理的最新政策和法律法规，将行业发展的最新成果、理念和知识呈现给读者。

本教材以民航运输服务为基线，对民航运输业行业发展背景和特点、行业管理、市场经营、航班运行、服务质量、安全管理、国际航空和民航信息服务等方面的基础知识、基本理论、基本方法、基本法规，以及国际民航运输业发展中的新概念和新方法等进行系统性介绍。全书内容共分九章。

第一章，民航运输业概述。重点介绍了国际和国内民航运输业的发展历程及其阶段性发展特征；系统介绍了民航运输业涉及的基本概念和基本特性；介绍了民航运输业发展与经济社会发展的关系。

第二章，民航运输管理体系。着重介绍了国际和国内主要的民航运输管理的组织及其职能；分别介绍了航空公司、民用机场和空管的作用、组织结构和管理模式，以及三者在经济社会发展进程中的相互作用与互动关系。

第三章，民航运输市场营销。结合民航运输市场的结构与特点，重点介绍了民航运输市场营销的基础知识，包括基本概念、市场分类、供求关系、市场影响因素等相关知识。

第四章，民航运输生产与组织。首先介绍了民航旅客运输的基本概念，以旅客运输计划制定和生产实施的组织保障过程为主线，重点介绍了航班计划、航班运输生产计划及其制定方法、民航客运进出港航班的组织与保障流程、机场保障服务现场管理等知识。

第五章，民航货物运输管理。首先介绍了民航货物运输的基本概念，重点介绍了民航货物运输生产计划的制定、民航货物运输进出港航班组织与保障流程、危险品运输相关知识；介绍了现代物流的基本概念、物流与航空运输的相互关系等。

第六章，民用运输安全管理。首先介绍了民航安全管理的基本概念，重点介绍了国际民用航空组织、国际航空运输协会及中国关于民航安全管理体系的基本概念和基本方法，对民航安全管理的组织结构、风险管理的基本概念和基本方法、民航安全保卫等方面的基础知识和相关法规进行详细介绍。

第七章，民航运输服务质量管理。首先介绍了 ISO 9000 质量管理标准体系和民航运输服务质量管理的相关概念，包括"全面质量管理""客户满意"和"质量持续改进"等民航旅客服务质量管理思想；介绍了民航运输服务质量管理、质量分析与控制的基本方法。

第八章，国际航空运输管理。首先介绍了与国际航空运输有关的基本概念，包括《国际民用航空公约》基本精神、国家领空主权及领空范围、几大重要的国际性民航公约等；重点介绍第一至第五航权及国际航空运输多边协定的相关知识等。

第九章，民航运输信息服务。重点介绍了与民航旅客信息服务的基本概念，包括数据、信息、数据库和信息系统等；介绍了民航旅客信息服务的基本内容、基本服务方式，以及以旅客运输流程为基础的几大民航运输生产信息管理系统。

本教材由中航协（上海）培训中心有限公司组织编写；南京航空航天大学夏洪山主笔，负责全书的统稿，并承担第一、二、七和九章内容的编写；上海工程技术大学韦薇主要承担第三、四、五和八章内容的编写。在编写和出版过程中，得到了中航协（上海）培训中心有限公司总经理陆林红的鼎力支持，高等教育出版社为本书的出版制订了周密计划并给予鼎力帮助，中国民航运输协会组织专家对本书内容进行了审阅。在此向他们一并致以最诚挚的感谢！由于作者水平有限，书中不足之处在所难免，望广大读者不吝指正。

编者

2023 年 11 月于南京

目录 <<<<<<<

第一章 民航运输业概述

学习目标

- **知识目标**

  了解国际国内民航运输业发展的基本历程，民航运输业的社会特性与经济特性，民航发展与社会经济进步、科技发展之间的紧密关系，以及在社会经济发展中的地位与作用。

- **能力目标**

  掌握运用数学工具对民航运输周转量数据进行阶段性统计分析的方法，具有分析数据背后的社会与经济背景及行业发展规律的能力。

- **素养目标**

  进一步理解改革创新对推动我国民航运输业快速发展的重要性，使学生进一步树立为"民航强国"而努力学习的高度社会责任感和坚定的爱国主义精神。

自古以来，人类一直孜孜不倦地追寻飞天梦想。从中国古代发明火药到 18 世纪西方的工业革命，人类展翅飞翔的梦想逐步成为现实。

第一节　民航运输业的发展历程

1903 年 12 月 17 日，莱特兄弟发明的飞机试飞成功。这是世界上第一架具有动力推进并由人操纵控制的飞机，如图 1-1 所示。它的试飞成功，开辟了人类开启飞天梦想的新纪元。经过一个多世纪的发展，从仅能持续 12 秒、高度只有 3.66 米的试验性飞行，到进入人造星体和载人飞行、往返于太空和地球之间的太空时代；从距离地面高度只有 36 米、时速为 48 千米、仅能沿海滨沙滩的飞行，到跨海越洋的洲际环球飞行；从当年人们英雄般冒险乘坐飞机，到当今飞机成为人们出行的常用交通工具，航空、航天行业获得了巨大的发展。由此，形成了由相当规模的全球性航空工业、航天工业和民航运输业等产业构成的庞大产业链，在交通运输、国防、工农业生产、旅游等领域广泛运用，成为现代经济社会发展的重要支柱，人们日常生活和文化科技交流不可或缺的重要组成部分。

图 1-1　莱特兄弟发明的人类历史上第一架具有动力推进的载人双翼飞机原型

一、国际民航运输业的发展历程

莱特兄弟发明的世界上第一架动力推进的载人飞机的试飞成功，是人类文明发展史上的一个划时代的里程碑。特别是西方国家，出于国家的长远发展，依靠自身发达的经济水平、先进的科学技术和成熟的工业基础，开始大规模投资研制和规模化生产实用性飞机。随着世界经济和科学技术的发展，逐步形成了研究、开发、生产和维修航空器及其所载设备与地面保障设备的全球性航空工业，为发展航空运输业提供运载工具。

继莱特兄弟成功发明飞机后，在世界范围内兴起了发展航空工业的热潮。1909 年 7 月 25 日，法国人路易·布莱里奥驾驶自行设计的单翼飞机成功飞越英吉利海峡。1909 年 9 月 21 日，中国航空先驱冯如便在旧金山奥克兰驾驶他设计的"冯如 1 号"飞机试飞成功。1909 年 11 月 16 日，飞艇发明家齐伯林创办了 Delag 公司（现在德国汉莎航空公司的前身），成为世界上第一家商业性航空公司，次年便开展收费航空旅客运输业务。1910

年3月28日，法国人亨利·法布尔又成功试飞了首架水上飞机。1911年7月4日，英国人巴伯驾驶一架法尔库勒式单翼飞机，从英国的肖拉姆市将一箱钨丝运送至霍拉市，获得100英镑的运费，完成了世界上第一次航空货物商业运输。1913年8月2日，著名飞机设计师伊戈尔·伊万诺维奇·西科斯基成功试飞装备四台发动机的大型飞机。在短短的10年时间里，飞机性能得到明显提升，飞行速度达到每小时200千米，续航时间超过13小时，飞行高度达到6 500米。

1914年，第一次世界大战阴影还继续笼罩着全球，但在美国佛罗里达州的坦帕至圣彼德斯堡之间，却开辟了世界上第一条航线。这条地面乘火车需要行驶12小时的航线，乘飞机只需20分钟，花费只需5美元，显示了航空快捷、经济的独特优势。

1918年，第一次世界大战的结束成为世界民航运输发展史的一个重要转折点。当年3月，在苏联的基辅（现乌克兰首都）和奥地利的维也纳之间开通了世界上第一条国际邮运航线，使用"汉莎–勃兰登堡"双翼飞机进行国际定期邮件航班运输服务。

1919年2月，德国在柏林至魏玛之间开辟了欧洲第一条定期客运航线。

1919年3月，法国在巴黎至比利时的布鲁塞尔之间开辟了世界上第一条国际定期航班航线。

1919年9月，英国和法国在伦敦与巴黎之间开辟了世界上第一条两国对飞的国际定期航班航线。

与此同时，为了提高飞行的安全性，有关飞机的机载设备、气象预报、夜航设备、空中交通管制、地面保障服务、通信导航等领域的研究相继应运而生。1927年，先进的航空导航设备陀螺仪开始装备飞机，提高了飞机在夜间和恶劣天气条件下飞行的安全性。1935年，供仪表飞行指挥的空中交通管制中心先后在美国新泽西州纽瓦克机场、俄亥俄州克利夫兰机场及伊利诺伊州芝加哥机场投入运行。从此，空中飞行可以通过无线电指挥，使航空运输进入了空中交通有序管理的新时代。其后不久，从石油中提炼出高质量的航空燃油，自动着陆系统的研制成功，都显著地提高了航空运输飞行的经济性和安全性。

图1-2　波音B247型飞机

1933年，波音公司设计生产的B247型飞机具有现代航空运输飞机的典型特征：全金属机身，单翼，双发动机，起落架可伸缩，如图 1-2 所示。该机型最高时速可达 291 千米 / 小时，巡航速度可达 248 千米 / 小时，最大航程为 776 千米，最多可乘坐 10 名旅客。

1934 年，美国道格拉斯公司生产出能够真正适用于航空运输的 14 座 DC-1 型飞机，时速为 304 千米 / 小时。之后的 21 座 DC-3 型飞机（如图 1-3）性能明显改进，不仅速度快，而且座舱舒适，更为重要的是，该机型飞行安全性显著提高。DC-3 型飞机在民航运输市场中的成功运用，真正体现了航空运输的四大特点：快捷、经济、舒适和安全。随着航空运输安全水平的不断提高，航空保险业务于 1937 年开始进入航空运输领域。

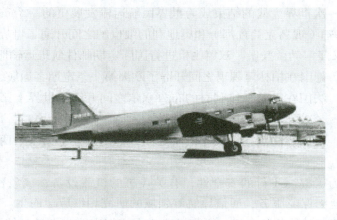

图 1-3　DC-3 型飞机

在第二次世界大战期间，西方航空工业迅速发展，飞机的飞行驾驶控制系统、通信导航系统、飞机发动机等关键设备的技术和性能显著提高。1949 年 7 月，英国研制的世界上第一架喷气客机（哈维兰彗星型客机，deHavilland Comet）试飞成功，并于 1952 年由 BOAC 航空公司投入商业运营，开辟了喷气飞机运输新时代。

1958 年，美国第一架可以载客 150～180 人的喷气客机波音 707 投入商业运营，真正开创了喷气客机经济性商业运行的新时代。1970 年 1 月，令世人瞩目的 400 座宽体客机波音 747 交付泛美航空公司投入商业运行（见图 1-4），其巡航距离超过 10 000 千米。喷气客机的投入使用，使航空运力显著增加，有力地促进了世界民航运输业的快速发展。

1969 年，法国国家航空宇航公司和英国飞机公司（现并入英国航宇公司）联合研制的世界上第一架超音速协和式飞机问世，并于 1976 年投入商业运行，如图 1-5 所示。该飞机能够在 19 000 米的高空以 2.02 倍音速（约 2 100 千米 / 小时，普通喷气客机的巡航速度通常为 800 千米 / 小时左右）的速度巡航，成为世界上最快的民航客机。

1972 年 10 月，欧洲空中客车工业公司的新型中短程宽体客机 A300 首飞，开始进军民航运输飞机领域。

2007 年 10 月 25 日，欧洲空中客车工业公司设计生产的世界上第一架 550 座超级大型远程宽体客机空客 A380（见图 1-6）由新加坡航空公司投入商业运行，首次载客从新加坡樟宜机场飞抵澳大利亚的悉尼机场。空客 A380 的问世，打破了美国波音公司在民用飞机制造领域的主导地位，为民航运输业提供了更先进、更有效的运输工具，也为航空公司的机型选择增加了一个新的选项。

图 1-4　美国泛美航空公司的波音 747 飞机

图 1-5　协和式飞机起飞瞬间

图 1-6　空客 A380 飞机

技术性能、飞行安全性和运行经济性等性能指标优越的喷气客机被全球航空公司广泛运用，已经成为当今民航运输市场的主流机型。

航空工业的不断发展，为航空公司不断提供性能更为先进、飞行更为安全、运行更为经济的载运工具，有力地促进了民航运输业的稳步发展。据数据统计，1930 年全球定期航班运输总周转量为 0.25 亿吨千米；到 2019 年，则达到 6866.1 亿吨千米，如图 1-7 所示。

民航运输业的发展，促进了经济社会的快速发展，也促进了航空公司的运力增长，航空公司的发展又为航空工业提供了更广阔的市场，两者唇齿相依，相互促进发展。

	1998	1999	2000	2001	2002	2003	2004	2005	2006	2007	2008	2009	2010	2011	2012	2013	2014	2015	2016	2017	2018	2019
总周转量/亿吨千米	3 485	3 704	4 012	3 855	3 971	4 076	4 589	4 877	5 126	5 423	5 497	5 397	6 199	6 652	6 949	7 244	6 145	6 601	7 125	9 459	1 004	1 042
年增长率/%	2.15	6.30	8.30	-3.9	3.03	2.64	12.5	6.28	5.09	5.80	1.37	-1.8	14.8	7.32	4.45	4.24	-15.	7.44	7.92	32.7	6.22	3.80

图 1-7　1990 年以来全球民航运输总周转量增长趋势

二、中国民航运输业的发展历程

中国民航运输业起步较晚。1918 年，第一次世界大战结束后，西方国家从军用航空转向发展民用商业航空，当时的中国正处于军阀割据的混战状态。但是，在全球性发展航空业的趋势促使下，为了政治和军事上的需要，1919 年，北洋政府设立了"筹办航空事宜处"，开始筹划发展民航业，购买飞机，建造机场。1920 年 4 月，首先开通了北京至天津的中国第一条航线。1929 年 5 月，中美合资成立"中国航空公司"，飞行基地设立在上海龙华机场，并于同年 7 月 8 日开了上海—南京航线的邮件航班，8 月 26 日开通旅客航班。1931 年 2 月，中国和德国汉莎航空公司合办的欧亚航空公司（1943 年改组为中央航空公司，总公司设在昆明）在上海正式成立，飞行基地设在上海虹桥机场。

1949 年 10 月 1 日，中华人民共和国宣告成立。在中央政府的感召下，1949 年 11 月 9 日，"中国航空公司"和"中央航空运输公司"的 2 000 多员工在中国香港宣告起义，脱离国民党政权的统治。随后分别在两个公司总经理刘敬宜和陈卓林的率领下，乘坐潘国定机长驾驶的 CV-240 型飞机由香港直飞北京，其余 11 架飞机（3 架 C-16 型飞机、8 架 C-47 型飞机）由陈达礼机长带队从香港直飞天津，投奔中国共产党领导的新中国，为新中国民用航空事业发展提供了宝贵的物质条件和技术基础。这就是中国民航发展史上著名的"两航"起义（见图 1-8）。

图 1-8 "两航"起义部分机组成员

1949 年 11 月 2 日，中央政府决定成立中国民用航空局，为满足国防和国家经济建设的需要，开始有计划地发展我国自己的航空工业和民航事业。这一时期中国民航发展的基本宗旨是："争取满足政治、军事和国家经济生产的需要，逐步达到盈余运营"。1951 年 4 月 17 日，中央人民政府人民革命军事委员会和政务院颁发《关于航空工业建设的决定》，成立了航空工业管理委员会。在与苏联的合作下，1954 年 7 月，中国生产的第一架飞机——初教 -5 试制成功，1958 年，中国第一架多用途运输机——运 -5 飞机试制成功。

从 1949 年至 1957 年这 8 年期间，中国民航在开辟航线、机场和航路等基础设施建设、机队建设、改善民航运输生产管理、提高飞行与维修技术等方面取得了显著成效，并开展通用航空业务，为新中国的经济建设和中国民航运输业的后续发展奠定了重要基础。

1960 年，中共中央针对当时的国内经济形势，提出了"调整、巩固、充实、提高"的八字方针，使航空工业和民航运输业重新走上正常发展的轨道。至 1965 年，中国民航拥有飞机 355 架，先后新建、改建和扩建了南宁机场、昆明机场、贵阳机场、虹桥机场和白云机场等机场，开辟数条通往西亚和东南亚的国际航线，发展国际国内航空运输业务及通用航空飞行，中国民航运输业出现了略有盈余的良好运营局面。

为适应国家经济建设的需要，中国民航积极拓展国内国际航线，大力发展民用航空运输生产。据统计，至 1976 年年底，中国民航国际航线增至 8 条，通航里程超过 40 900 千米，国际航空运输总周转量超过 0.3 亿吨千米。国内航线增至 123 条，通航里程超过 56 800 千米。1976 年，中国定期航班运输总周转量达 1.8 亿吨千米，世界排名第 38 位。

1980 年 3 月 5 日起，民航总局归属国务院直接管理，成为中国专门管理全国民航事务的国家政府职能机构，统一管理中国民航机构、民航经营业务、人员和民航事务。至 1992 年，中国民航实施以"政企分开"为主要内容的体制改革，成立六大地区民航管理局、六大骨干航空公司和六大机场公司，民航总局代表中央政府行使行业管理职能，不再经营具体民航业务。在深化民航管理体制和企业经营体制改革的同时，为适应国家经济快速发展和对外开放的需要，中国民航加快机场和空管等基础设施建设，大力开拓航空运输市场。至 2021 年底，中国共拥有运输客机 3856 架，其中宽体客机 465 架，窄体客机 3178 架，支线飞机 213 架。运输机场总数达到 254 个，通用机场达 399 个，跑道 282 条，航站楼 1800.6 万平方米，机场总客量达 15 亿人次。

2002 年 3 月，国务院批准了《民航体制改革方案》，中国民航开始进行以"航空运输企业联合重组、机场属地化管理"为主要内容，旨在政企彻底分离的更广范围、更深层次的体制改革。民航总局先后对原属的 9 家直属航空公司进行联合重组，分别成立了中国航空集团公司、中国东方航空集团公司和中国南方航空集团公司；对原民航总局直接管理的航空运输服务保障企业进行改革重组，分别成立了中国航空器材进出口集团公司、中国航空油料集团公司和中国航空信息集团公司。上述六大民航集团公司作为大型国有企业，交由国务院国有资产管理委员会管理。原属民航总局直管的全国各地民用机场，除北京首都国际机场和西藏自治区内的民用机场仍由民航总局管理外，其他民用机场全部划归所在地政府管理。自此，中国民航局作为国务院主管全国民航事业的直属机构，代表中央政府承担民航安全管理、民航运输市场管理、空中交通管理、行业发展宏观调控，以及中国民航对外关系等方面的行业管理职能，不再代行对六大集团公司的国有资产所有者职能，依法行政，确保航空安全、规范市场行为，保护消费者利益，维护航空企业公平竞争环境。2006 年，我国民用航空运输总周转量世界排名跃居第二位。2010 年，中国民航提出"民航强国"战略，从"运输大国"向"民航强国"迈进。2017 年 5 月 5 日，我国自行设计、自行制造、具有自主知识产权的首架大型民用客机 C919 首飞成功，并于 2023 年 5 月 28 日开始投入商业运行。C919 的商业首飞是我国民用航空事业发展史上的一个重要里程碑，也是我国民航产业化进程中的一个重要成果。2019 年年底，中国民航运输总周转量达到 1 293.3 亿吨千米，旅客运输总量达 6.59 亿人次；货邮周转总量为 263.2 亿吨千米，货邮运输总量为 753.14 万吨；运输飞机 3 818 架，运输机场 238 个。图 1-9 为中国民航稳步持续增长的态势图。

三、民航运输业的发展趋势

随着全球经济的发展、科技的进步和市场竞争的加剧，世界民航运输业稳步发展，总体趋势呈以下几大特点。

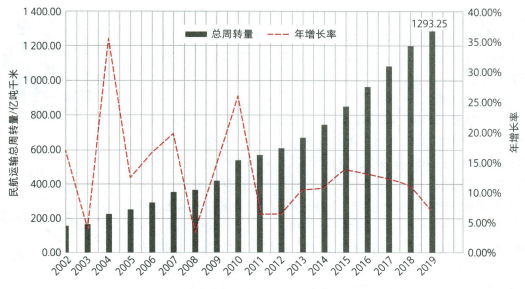

图 1-9　2002 年以来中国民航运输周转量增长态势图

（一）航空公司联盟化

随着世界经济全球化进程的深入发展，特别是互联网技术的广泛运用，使得全球民航运输市场的竞争更加激烈。为了提高在国际民航运输市场中的竞争力，扩大市场规模，改善经营效果，航空公司之间出现了不同形式、不同层次的合作关系，如中国的航空公司集团化。另外一种国际性的新型合作关系就是航空公司联盟。早在 1989 年，美国西北航空公司和荷兰皇家航空公司开始进行代码共享（code sharing）和常旅客计划（frequent flyer program）的国际性战略合作，扩大了它们的国际市场份额和航班收入。到目前为止，全球航空公司之间的各种合作形式有几百种，航空公司联盟主要有以下几个。

1. 星空联盟

星空联盟（Star Alliance，其标识见图 1-10）正式成立于 1997 年 5 月，目前共有 26 个成员航空公司，主要包括加拿大航空公司、美国联合航空公司、全美航空公司、德国汉莎航空公司、新西兰航空公司、英伦航空公司、波兰 LOT 航空公司、西班牙航空公司、瑞士航空公司、新加坡航空公司、日本全日空航空公司、韩国韩亚航空公司、泰国国际航空公司等。中国国际航空公司于 2007 年底正式加入星空联盟。目前星空联盟成员航空公司共有飞机 4 330 多架，每日航班 18 000 多个，通航 180 多个国家的 1 260 多个机场。

图 1-10　星空联盟标识

2. 环宇一家

环宇一家（Oneworld Alliance，其标识见图 1-11）成立于 1998 年 9 月，目前主要成员有 12 家世界一流航空公司，包括美国航空公司、英国航空公司、中国香港国泰航空公司、芬兰航空公司、西班牙国家航空公司、日本航空公司、智利国家航空公司、匈牙利航空公司、墨西哥航空公司、澳大利亚航空公司、皇家约旦航空公司和俄罗斯S7航空公司，还有20多家联营航空公司。目前，环宇一家的成员航空公司每天运营近10 000架次的航班，飞往全球750多个目的地。

图1-11　环宇一家标识

3. 天合联盟

天合联盟（Sky Team Alliance，其标识见图1-12）于2000年6月由墨西哥国际航空公司、法国航空公司、美国达美航空公司和韩国大韩航空公司联合成立，目前主要成员有俄罗斯国际航空公司、墨西哥航空公司、西班牙欧洲航空公司、法国航空公司、意大利航空公司、中国台湾中华航空公司、捷克航空公司、美国达美航空公司、肯尼亚航空公司、荷兰航空公司、韩国大韩航空公司、罗马尼亚航空公司和越南国家航空公司等20家航空公司，中国东方航空公司等航空公司也先后加入。天合联盟现在每日运营航班约15 700多架次，航线1 060多条，通达170多个国家和地区。

图1-12　天合联盟标识

航空公司通过组建联盟整合全球性航空资源，不仅能在国际民航运输市场中形成更大的竞争规模，而且联盟成员航空公司之间的航线网络能够全球性互补，运价互惠，地面保障和机务维修互助，信息共享，形成一个全球规模的竞争联合体。航空公司之间通过各种广泛而深入的紧密合作，能够有效地提高资源利用率和运输服务质量，扩大收益空间，有效降低航班成本，从而增强国际竞争力。航空公司联盟是航空公司在市场竞争中联合力量以求发展的一种新型战略伙伴关系，同时也使得民航运输市场加速全球化。据国际航空运输协会（International Air Transport Association，IATA）最新统计，航空公司联盟的航空客货运输总周转量占全球的比例超过60%，航空运输总收入超过全球总收入的65%，国际运输总周转量超过全球的80%。显而易见，航空公司联盟占据了全球的大部分航空运输市场，成为航空公司进入国际民航运输市场的一种重要战略。

（二）机场"私有化"

20世纪70年代后期，世界经济和民航运输业迅速发展，在民航需求的快速增长与机场吞吐能力之间出现供需矛盾，机场成为发达地区制约民航发展的瓶颈。扩大机场基础设施建设需要政府投入大量资金。然而，机场属于一种社会公共服务基础设施，是一个总体上不盈利但又是国家和地区经济社会建设中不可缺少的重要部分。由于部分机场经营管理不善，或由于地方经济落后，所以不少机场运营经常出现亏损，但又需要政府不断投入大量资金以维持机场正常运行和扩大机场的吞吐能力。如此状况日积月累，机场便成为它们的所有者或管理者——政府的经济负担和管理包袱。这也是长期困扰世界大部分国家的政府关于机场管理的共同心病。在这样的背景下，一些国家的政府开始探索机场商业化经营和机场私有化（或民营化）的可能性。所谓机场私有化（airport privatization），实质上是将政府拥有的机场资产所有权的全部或部分及机场经营权转让给社会上的经济实体（财团或者专业公司）。

机场私有化这一机场管理体制变革的有利方面主要体现在：能够通过机场专业化经营管理，减少机场运行成本，提高机场盈利能力；提高旅客服务质量，扩大机场市场规模；提高资产利用率，扩大收益空间。

（三）空中交通管理一体化

2003 年是莱特兄弟发明飞机的一百周年，时任美国总统布什签署了《百年愿景—航空再授权法》，正式宣布在 2025 年之前建成"新一代航空运输系统"（NextGEN）。NextGEN 的战略目标是："建设一个经过改革的、能够根据用户需求提供服务的、允许所有团体进入全球经济的、民用和军用运行能够无缝融合的航空运输系统"。美国政府的目的就是通过"新一代航空运输系统"建设，运用先进的卫星通信导航和计算机网络技术，有效地提高全球性的空中交通管理能力，以提高空域利用率，提高机场服务效率和航班正点率。

2005 年 11 月，欧盟在布鲁塞尔正式宣布启动"欧洲天空一体化空中交通管理研究计划"（SESAR），其战略目标是，广泛运用先进的卫星通信导航技术，提高空中交通管理和通信能力，使欧洲空中交通管理一体化，提高欧洲航空运输整体安全水平和运输能力。

无论是美国的 NextGEN 还是欧盟的 SESAR，其共同目标都是运用卫星导航和网络通信等先进技术，建设一个全球性的、更加高效的、更加安全的新型全球空中交通管理系统，加强空中交通管理与协调能力，提高空中交通运输能力和运行安全水平。

随着中国民航运输业的稳步、快速发展，中国政府从 2007 年开始加快建设新一代空中交通管理系统，不仅更新空中交通管理基础设施，而且对空域资源管理和空中交通管理机制不断进行改革，以适应中国民航发展的需求；同时加强中国航空运输管理现代化建设，提高航空运输管理水平和运输能力。

（四）民航发展信息化

基于计算机和网络通信技术的现代信息技术，已经广泛运用于当今世界的各行各业和人们的日常生活，民航运输业发展不断出现的新需求，更是引导信息技术运用新方向的行业之一：从传统的民航旅客计算机订座，到当今运用移动通信技术的掌上手机进行国内国际民航旅客订票、支付和订座，到航空公司、机场和空管的日常运行管理自动化，到运用计算机进行经营效益分析与成本控制，到空中旅途的娱乐与通信，到"无票旅行"，无一不与现代信息技术有关，各类民航信息系统成为促进民航运输业发展的重要生产工具，民航运输生产与管理信息化、智能化已经成为民航发展的重要趋势之一。

（五）民航发展生态化

近年来，在习近平生态文明思想的指引下，中国民航践行新发展理念，坚持以碳达峰、碳中和为引领，更加注重科技创新的战略支撑作用，统筹推进行业绿色发展，加快形成绿色、低碳、循环发展格局，推动中国民航发展全面绿色转型。

第二节　航空运输系统

如今的民航运输已经不是当年"飞机 + 跑道"这种简单的生产方式，而是已经发展成为具有严格规范的行业管理体系和生产管理体系的航空运输系统：拥有专业化机队的航空公司、先进跑道与设施设备配套齐全的机场、装备先进通信导航系统的空中交通管理。通过三大基本系统的合理分工、紧密合作和协调运行，形成了全球性的现代航空运输系统，如图 1–13 所示。

根据民航运输活动的组织和实施过程所涉及的业务功能与业务范围，航空运输系统可以认为是为满足"服务需求"而产生的"服务供给"，如图 1–14 所示。

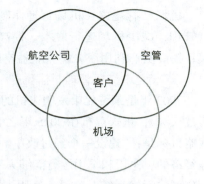

图 1–13　航空运输系统的三大基本系统

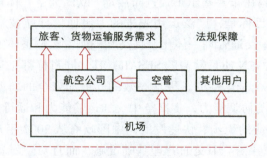

图 1–14　现代航空运输服务供求关系

一、服务需求

航空运输系统的初始需求来自旅客旅行和货主的货物运送，由此而产生了三类基本服务需求。

1. 运输服务需求

运输服务需求包括两大部分，一部分是来自于民航业之外的旅客旅行和货主的货物运输需求；另一部分是来自实施运输过程中产生内部服务需求，主要是航班运输的地面保障服务、地面交通、空中运输、机务维修、信息处理、权益保护等。

2. 服务设施需求

在实施航空运输服务过程中产生的运输服务设施需求，如装载和运送旅客与货物的机队，为安全飞行提供的安检、维修、地面保障服务等设备设施，为飞行服务的通信导航设施和空中交通指挥设备，为旅客和货物航空运输服务提供的机场和地面交通设施等。

3. 信息服务需求

在航空运输和地面保障服务过程中，随着互联网和移动通信技术的广泛运用，无论是服务需求方还是服务供给方对信息的服务需求量均空前增长。无论是飞行和空中交通指挥、地面保障，还是旅客和货主、市场销售等方面，既是服务信息需求方，同时也是信息供给方，都需要及时而可靠的信息。

二、服务供给

为了满足上述基本服务需求，必然产生相应的航空运输服务供给。航空运输服务供给主要包括如下方面。

1. 销售服务

航空运输系统通过它的销售渠道向社会消费者（旅客和货主）出售旅客运输服务和货邮运输服务。通过航空公司的直销网络和代理人销售网络，形成基于互联网覆盖全球的航空运输销售服务网络。

2. 航空运输服务

航空公司是实施航空运输服务直接面对终端客户（旅客和货主）的主要服务供给者，提供包括航班服务销售在内的地面保障服务和空中运输服务。航空公司的主要生产工具是满足多种航空运输需求的机队和航班运行管理系统。另外，航空公司也是机场服务和空管服务的需求者，它需要机场提供地面保障服务，需要空管提供通信导航、航行情报与空中交通指挥等服务。

3. 地面保障服务

机场是航空运输地面保障服务的集散地。机场公司是航空运输系统中地面保障服务的主要提供者，为航空公司、空管、政府派出的联检机构、航油、维修、旅客和货主等客户提供场地、服务设施、设备及相关服务。机场提供的服务主要包括两大方面，即空侧服务和陆侧服务。空侧服务包括跑道系统、灯光助航系统和站坪等设施设备及其服务，以及机场运行信息服务等。陆侧服务包括航站楼、地面交通及停车场等设施，特种车辆、值机、安检等设备，以及餐饮、商店等服务。

4. 空中交通管理服务

空中交通管理为航空公司执行航空运输飞行提供通信导航设施、航行情报和空中交通指挥等服务，是航空公司飞行服务的供给者。

5. 信息服务

信息服务是现代航空运输服务的重要组成部分，可以分为两大部分，即信息处理和信息发布。信息有音频信息（航班信息广播及通知发布）、视频信息（航班信息、航线图）、字符信息（旅客计算机订座、离港等各类报表）等。信息处理包括信息生成、信息收集、信息加工与信息传输、信息存储等过程，以及用于处理信息的各类基于计算机的信息处理系统。信息发布是通过一定的设施设备，向客户提供与航班相关的信息，如航空公司发布航班时刻信息，机场通过航显系统广播和显示航班进出港动态信息，空管通过内部通信系统向航空公司和机场发布航行情报和航班飞机的空中飞行状态信息等。在航空运输系统中，航空公司、机场和空管既是信息服务提供者，也是信息需求者。

6. 法规服务

在现代航空运输系统中，不仅有能够保障安全高效运行的标准、规则、规程、规范等各类规章，还有能够保障航空运输系统健康、有序发展的相关政策法规，以保障航空运输系统中的服务需求者及服务供给者等各方的权利和利益。

随着科学技术和民航运输业的不断发展，航空运输系统的内涵越来越丰富，将为满足日益增长的客户需求不断提供新的服务。

第三节 民航运输业的基本特征

民航运输业是现代社会的一种集体性服务业，属于运用飞机从事专业化航空运输服务的交通运输业，是现代社会和国家经济建设的重要支柱产业。

一、五大运输体系

交通运输业（communication）是经济社会发展的重要支柱产业，与其他行业的发展相互依赖、相互促进和相互制约，形成了一个联系紧密的经济社会机体。传统的交通有5种运输方式：航空运输、公路运输、铁路运输、水路（海洋）运输和管道运输，它们都有各自的特点，在经济社会发展推进人类文明进步的不同历史阶段中，各自都发挥着不同的作用。

（一）航空运输

航空运输是一种运用飞机作为运载工具在大气层以下空气空间通过飞行运送的一种交通运输方式，具有舒适快捷、航程远、无地理障碍、机动性强、投资少见效快、国际性强等特点。但是，航空运输技术复杂、运营成本高、安全要求高、不确定性影响因素多。

（二）铁路运输

铁路运输是以（蒸汽、内燃机或电力）机车为牵引动力运用车列等设备沿铺设在地表的轨道行进的一种交通运输方式。在航空运输发达的今天，铁路运输依然是客货运输的主要工具。铁路运输可以分为常规路基铁路、地铁、轻轨铁路、单轨铁路、高速铁路（根据2008年世界高速铁路大会的共识，"高速铁路"是指运行速度在每小时250千米以上的铁路系统）、磁悬浮列车。铁路运输系统包括轨道、牵引机车、车列、交通通信控制系统及相关设施，具有运量大、运距远、正点率高、成本低、安全性高、能耗低、污染相对少等特点，适用于中长距离的大宗量货物运输和城市之间的旅客运输。但是，铁路运输机动性差、基础设施建设初始投资高、建设周期长、占地多，其安全性随着行进速度的提升而面临越来越多的挑战。

（三）公路运输

公路运输是以汽车为载运工具的一种轮式运输方式。自有汽车以来，公路运输一直是经济社会活动中的主要交通运输方式。公路运输具有机动性强、行驶便捷、送达速度快、初始投资少、回收周期短等特点。与其他几种交通运输方式相比，公路运输对环境污染较大、安全性差、单位运输成本较高。公路运输主要用于中短程客货运输。

（四）水路运输

水路运输是一种传统、古老且经济的运输方式。它以船舶为主要载运工具，沿江、湖、河、海进行客货运输。现代水路运输可以分为远洋运输、沿海运输和内河运输 3 种类型，它具有投资少、见效快、运量大、航程远、单位运输成本低、污染小等优点。但是，水路运输速度慢、机动性差。水路运输适用于沿海和水路发达的内陆地区作为大宗量货物运输的主要工具，特别是现代远洋运输，具有较强的国际性，是大宗量国际货物运输的主要方式，但是运输环境差、不确定性因素多、沿途风险高。

（五）管道运输

管道运输是一种独特的运输方式，它利用管道通过压力输送液态或气态物质，主要用于如石油、天然气和液态煤、水等的输送。其优点是投资省、运量大、占地少、安全可靠、管理简便、能耗低、环保性高。但缺点是机动性差、运送速度慢、用途有限。

二、民航运输业的社会特性

现代民航运输业已经成为现代社会和经济活动的一个重要组成部分。它的发展，缩短了人类交往的空间距离，加快了全球范围的人际交流和物资流通速度，促进了国家和区域之间的经济、科技、文化和教育的交流与发展，增进了社会成员之间的相互了解，推动了人类社会文明进步。由于航空运输能够跨越地理障碍，速度快，舒适安全，因此，民航运输已经成为现在国家或区域之间经济社会发展中与外界进行快捷交流的重要途径和远距离出行的首选交通方式，成为带动和促进地方经济社会跨越式发展的桥梁。

现代民航运输业的发展，标志着一个国家或地区政治稳定、对外开放、经济繁荣和社会文明的程度。它是一个资金、技术和风险极其密集并具有高度国际化的行业，它涉及国家政治、安全、外交和国际贸易等多个领域，是一个极具敏感性的公共服务业（参见前文图 1–7 和图 1–9 中"年增长率折线的变化"）。

相比之下，民航运输业具有极高的准军事性，航空公司、机场和空域管理，随时都为国家安全、国防建设和维护社会稳定等需要服务。由于航空运输飞行涉及国家领空主权和国防事务等国际性问题，因此，民航空域通常由国家或军方统一管理。

民航运输业是一种社会性公共服务业，它为社会大众出行提供交通运输服务，具有社会公益服务的特点。但是，航空运输又是一种具有成本的有偿服务性集体劳动，不少国家的航空公司和机场采用企业方式进行经营和管理。因此，民航运输业又是一种具有市场行为的营利性行业。

三、民航运输业的经济特性

如上所述，航空运输是一种跨越地理空间的集体性社会活动，是一种具有社会价值实质性交换的服务业，它具有与其他交通运输方式共同而又独特的经济特性。

（一）区域性

民航运输业与区域政治状况、产业结构、对外贸易、旅游资源、人口密度、大众消费水平等诸多因素密切相关。

例如，我国的东部沿海地区，经济发达，人口稠密，国际交往频繁，民航运输业比我国的其他地区发达。根据中国民航局《2019 年民航行业发展统计公报》统计数据，2019 年我国东部地区 10 省市（指北京、上海、山东、江苏、天津、浙江、海南、河北、福建和广东）完成的民航旅客吞吐量占全国民航旅客吞吐总量的 52.5%，货邮占全国民航货邮总吞吐量的 72.9%，见图 1-15。

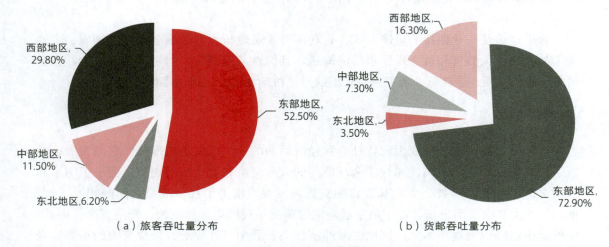

（a）旅客吞吐量分布　　　　　　　　　（b）货邮吞吐量分布

图 1-15　2019 年我国民用机场客货邮吐量区域分布

数据来源：2019 年民航行业发展统计公报

表 1-1 显示，我国民用机场客货吞吐量排名前 10 位的，都在经济发达、人口稠密、自然资源丰富的地区。

表 1-1　2019 年我国民用机场旅客货邮吞吐量排名前十位的机场

机场	旅客吞吐量名次	/ 人次	货邮吞吐量名次	/ 吨
北京 / 首都	1	100 013 642	2	1 955 286.00
上海 / 浦东	2	76 153 455	1	3 634 230.40
广州 / 白云	3	73 378 475	3	1 919 926.90
成都 / 双流	4	55 858 552	6	671 903.90
深圳 / 宝安	5	52 931 925	4	1 283 385.60
昆明 / 长水	6	48 075 978	9	415 776.30
西安 / 咸阳	7	47 220 547	11	381 869.60
上海 / 虹桥	8	45 637 882	8	423 614.70

续表

机场	旅客吞吐量名次	/ 人次	货邮吞吐量名次	/ 吨
重庆 / 江北	9	44 786 722	10	410 928.60
杭州 / 萧山	10	40 108 405	5	690 275.90

（二）季节性

航空运输具有比较明显的季节性特征。根据对有关资料的统计分析，全球约有 40%的国际游客通过航空运输进行旅游，而旅游受季节性影响最为明显。中国民航的统计数据也充分反映了这一特征，特别是中国西南地区和北方地区受季节影响更为明显。货运及物流业与季节也有密切关系，如中国西北地区和西南地区的水果及东部沿海地区的海鲜，在冬季运输量都会明显减少，如图 1-16 所示。然而，随着人们生活水平的提高和航空运输市场的开拓，季节性对民航运输业的影响正在减少，如在冬季，旅客前往热带地区 / 国家去度假或旅游，出现淡季不淡的现象。

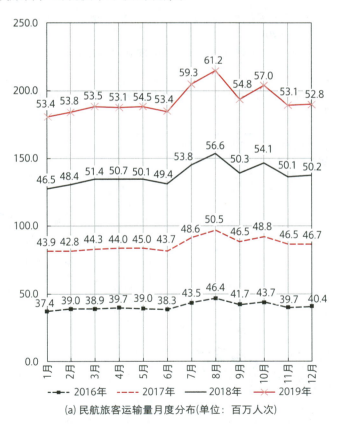

(a) 民航旅客运输量月度分布(单位：百万人次)

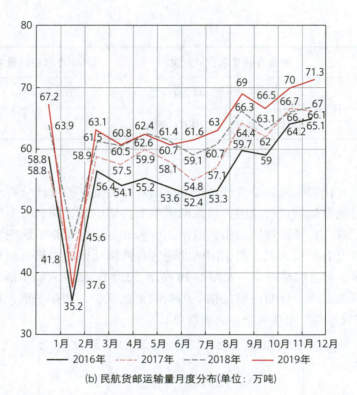

(b) 民航货邮运输量月度分布(单位：万吨)

图 1-16　2016—2019 年我国民航客货运输量月度分布

数据来源：国家民航局《中国民航月份主要生产指标统计》

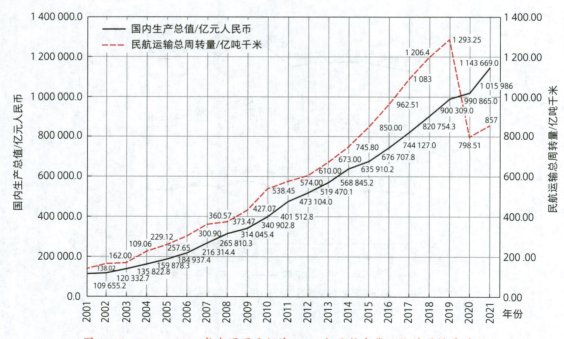

图 1-17　2001—2021 年我国国民经济 GDP 与民航客货运输总周转量对比

（三）经济相关性

民航运输业与国民经济之间存在紧密相关性。我国自 1978 年改革开放以来，国民经济稳步增长，为民航运输业提供了丰富的客货运输市场。民航运输业的发展，为区域经济社会发展的对外开放架设了便捷通道，进一步促进了国家和地方经济社会的发展，两者之间形成一种相互促进的互动发展关系，参见图 1-17。根据国际航空运输协会 2019 年的统计，全球民航运输业对全球 GDP 的贡献达到 3.6%。我国学者研究结果认为，我国民用机场每百万航空旅客吞吐量，可以产生经济效益 18.1 亿元人民币，产生就业岗位 5 300多个。尤其是在偏远地区，民航运输不仅改善了与外界的交通联系，促进经济社会发展，扩大就业，而且促进了民族之间的交流和社会稳定。

本 章 小 结

本章简要介绍了民航运输业的发展历程与国际民航运输业基本发展趋势、民航运输业与航空工业相互促进发展的唇齿相依关系、航空运输系统的基本组成结构及其相互关系、五大交通运输方式的基本特点和优劣势，民航运输业的社会特性和经济特征。

思 考 题

1. 莱特兄弟发明的飞机有何关键特点？具有什么历史意义？
2. 阐述航空工业与民航运输业之间的关系。
3. 分析影响民航运输业发展的主要因素。
4. 与其他交通运输方式相比，航空运输的优势和劣势分别有哪些？
5. 简述发展民航运输业对国家和地方经济社会发展有哪些好处。
6. 简述航空运输系统的基本组成及其相互关系。
7. 简述民航运输业的社会特性和经济特征。
8. 举例说明民航运输业对国民经济发展的作用。
9. 航空公司联盟有哪些好处，有哪些弊端？

第二章　民航运输管理体系

✈ 学习目标

- ### 知识目标

  了解国际国内民航运输管理主要组织的基本结构、性质、服务宗旨及其主要职责；了解航空公司和民用机场的定位、作用、分类和组织体系，以及两者在社会经济发展进程中的作用及相互关系。

- ### 能力目标

  具备国际国内民航运输管理主要组织的基本职能及其性质、组织之间的相互关系的基本常识，具有参与设立航空公司或民用机场申建过程的能力。

- ### 素养目标

  理解国际国内民航运输管理组织对健康和协调发展民航运输业的影响作用，特别是我国民航运输业管理组织在贯彻实施新时代民航发展战略的重要引领作用。

现代民航运输是一个资金密集、技术密集和风险密集的大众化国际性服务产业。经过一个多世纪的发展，民航运输业从行业管理到运输组织、经营管理和安全管理等领域，都已形成严密的组织结构与管理体系，以确保航空运输安全、经济、高效、有序和可持续性地发展。

第一节　国际民航运输管理组织

自 1910 年《巴黎国际航空公约（草案）》发布起，有关民航运输的组织、协调与管理就已引起世界各国的关注和重视。随着国际民航运输业的发展，1944 年成立了国际民航组织，之后世界上不少地区先后成立了区域性国际民航运输管理机构，并制定了本地区民航运输活动的行为规范，以协调本地区国家间民航运输业务关系，保障航行安全、公平竞争和有序发展。通过国际间民航管理机构的协调与管理，世界各国民航运输企业在国际民航活动中实行统一的技术标准、航行规则、操作规范和市场准则，以公正处理国际航空事务。特别是航空公司联盟这一跨国家、跨地区的国际性航空运输组织出现之后，民航运输活动涉及的国际事务更加广泛、更为复杂，国际航空事务更需要有组织地协调。

一、国际民航组织

国际民航组织（International Civil Aviation Organization，ICAO）是联合国经济社会理事会（Economic and Social Council）中的一个专门机构（其徽标见图 2-1），专门负责处理联合国成员国之间的国际民航事务，协调世界各主权国政府之间与民航相关的经济和法律事务，研究国际民航问题和发展趋势，制定民航国际标准和规章，推广使用航空安全技术和管理措施。

图 2-1　国际民航组织徽标

1944 年 11 月 1 日至 12 月 7 日，来自世界 54 个国家和地区的代表在美国芝加哥联合签署了《国际民用航空公约》（又称《芝加哥公约》），于 1947 年 4 月 4 日正式生效。《国际民用航空公约》是国际民航运输领域的一部重要的基本法典，对国家领空主权、无害通过权利、保障国际飞行安全等技术和行政管理，以及国际民航组织的作用与职责等方面，做出了具体规定和明确说明。根据《国际民用航空公约》，1947 年 5 月，国际民航组织正式成立，总部设在加拿大的蒙特利尔，成为世界上协调和管理国际民航事务的永久性最高权力机构。截至 2022 年，国际民航组织共有缔约国 193 个。

1974 年 2 月 25 日，中华人民共和国政府作为代表全中国的唯一合法政府，决定承认《国际民用航空公约》和有关协议，并正式加入国际民航组织，参与国际民航组织的一切活动，行使在国际民航组织的代表权。同年 9 月，中国在国际民航组织大会上当选为理事国。1977 年，国际民航组织第 22 届大会决定采用中文作为该组织的工作语言之一。

（一）国际民航组织的宗旨和目的

　　根据《国际民用航空公约》赋予国际民航组织的使命，国际民航组织的宗旨和目的是保障《国际民用航空公约》的实施，发展国际航行的原则和技术，促进国际航空运输的规划和发展，以实现以下目标。

（1）保证全世界国际民航运输安全、有序地发展。

（2）鼓励利用用于和平目的的航空器设计和操作技术。

（3）鼓励发展用于国际民航运输的航路、机场和航行设施。

（4）满足世界民众对安全、正常、有效和经济的航空运输需要。

（5）防止因不合理的竞争而造成的经济浪费。

（6）保证缔约国的权利充分得到尊重、经营国际航空运输的机会公平。

（7）避免缔约国之间的差别待遇。

（8）促进国际航行安全。

（9）促进国际民航运输业的全面发展。

（二）国际民航组织的组织结构

　　根据《国际民用航空公约》，国际民航组织的最高权力机构是大会，日常机构为理事会和秘书处。大会由常设管理机构理事会组织召开，每三年至少召开一次，由国际民航组织的成员国政府派出代表参加大会。大会的作用是审查本届工作，选举下一届理事会成员，制定下一届工作计划和财务预算。理事会由大会从缔约国中选举产生的 36 个理事国组成。在大会休会期间，理事会代表缔约国行使国际民航组织的职能，负责具体处理国际民航事务。

　　国际民航组织的日常工作机构为秘书处。秘书处下属 8 个部门，分别为：空中航行局、航空运输局、行政服务局、技术合作局、法律事务与对外关系局、财务处、审计办公室、地区协调与公共关系办公室。此外，秘书处还负责管理分布在全球的地区办事处。

二、国际航空运输协会

　　国际航空运输协会（IATA，其徽标见图 2-2）是由从事国际民航定期航班运输业务的航空公司参加的一个国际性非官方的行业组织，总部设在加拿大的蒙特利尔，于 1945 年 4 月在古巴的哈瓦那成立。在国际航空运输协会成立之初，有来自 31 个国家的 57 个成员航空公司参加。随着全球民航运输业的发展，截至 2019 年，国际航空运输协会会员已经有 120 个国家和地区的 290 家成员航空公司，其会员航空公司的定期国际航班客运

图 2-2　国际航空运输协会徽标

量约占全球总客运量的 82%。

国际航空运输协会的宗旨是：代表、领导和服务世界民航运输业，促进国际民航运输安全和规范的发展，促进航空运输企业之间、民航运输业界与其他民航组织之间的合作，使世界大众享受安全、可靠的航空运输服务。

国际航空运输协会实际上是一个为航空公司服务的全球性非官方商业组织。世界上大多数国家的航空公司属于国家所有。即便是非国有航空公司，由于国际民航运输业务仍然受到航空公司所属国政府的管理或控制，因此航空公司的国际航空运输活动实质上都是在政府授权或指导下进行。因此，国际航空运输协会在协调和沟通各国政府之间的国际民航运输业务关系、协调国家与航空公司之间的政策等方面，发挥着极其重要的桥梁作用。

（一）国际航空运输协会的主要职能

国际航空运输协会的主要职能是：执行国际民航组织制定的国际标准和规范，制定国际航空客货运输价格，统一运载规则、运输手续和票据格式，协助航空公司之间的财务结算和法律事务，促进航空公司之间的合作与交流，协助发展中国家的航空公司进行人员培训。

（二）国际航空运输协会的组织结构

国际航空运输协会的最高权力机构是年度大会，每年召开一次，由成员航空公司的代表参加。常设机构是执行委员会，由年度大会选出的 27 个航空公司代表组成，行使年度大会赋予的权利，负责实施大会制定的各项任务。目前，国际航空运输协会在华盛顿、日内瓦、新加坡、贝鲁特、布宜诺斯艾利斯等地设有地区运输业务服务处，在北京、曼谷、日内瓦、伦敦、内罗毕、里约热内卢、达喀尔等地设有地区办事处，在日内瓦设有账务清算机构。

国际民航组织成员国的任何一个经营航空客货运输业务的航空公司，经本国政府同意并交纳会费后，均可加入国际航空运输协会。国际航空运输协会的会员有两种：一种是正式会员，为经营国际定期航班的航空公司；另一种是准会员，为仅经营国内定期航班的航空公司。

（三）国际航空运输协会的主要活动

国际航空运输协会开展的主要活动通常围绕以下内容进行。

（1）协商制定国际航空客货运价。

（2）统一国际航空运输规章标准。

（3）通过清算机构，对各会员航空公司之间的联运业务账目进行统一清算。

（4）开展业务代理。

（5）进行技术合作与人员培训。

（6）协助各会员航空公司改善机场地面服务流程和标准，以提高机场运行效率。

（7）指导和协助成员航空公司建设民航安全管理体系（safety management system，SMS），并对成员航空公司进行安全审计。

国际航空运输协会的活动通常分为以下两大类。

第一类是商业协会活动。商业协会活动通常是以程序性会议形式进行，所有会员航空公司均可参加。会议主要讨论国际性客运和货运的价格与代理、客货运输专用票据格式、行李运价、订座程序等问题。

第二类是运价协调活动。运价协调活动通常是通过运价协调会议方式进行，会员航空公司可以选择参加。会议主要讨论客票价格、货运费率与运价、代理人佣金率等问题。

以上两类活动一般是通过国际航空运输协会的运输会议进行，运输会议结构如图 2-3 所示。

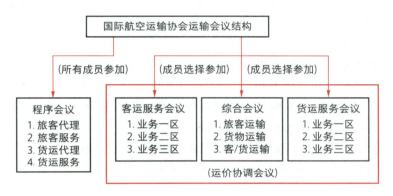

图 2-3　国际航空运输协会运输会议结构示意

三、国际机场理事会

国际机场理事会（Airports Council International，ACI）是一个全世界民用机场的非营利国际性行业组织（其徽标见图 2-4），成立于 1991 年，总部设在瑞士的日内瓦。国际机场理事会代表所有成员机场的共同利益，为机场与机场之间、机场与政府之间、机场与航空公司及其他民航组织之间的合作，提供一个国际合作与交流的平台，以促进全球民用机场快速和有序地发展。国际机场理事会在国际民

图 2-4　国际机场理事会徽标

航组织内享有观察员身份。目前国际机场理事会有 170 多个国家和地区的 580 多个成员，经营着 1 650 多个机场，其机场吞吐量占世界机场吞吐总量的 96% 之多。

（一）国际机场理事会的宗旨与主要职责

国际机场理事会的宗旨是：加强各成员与全世界民航业各个组织和机构的合作，包括政府部门、航空公司和飞机制造商等，并通过紧密合作，促进建立一个安全、有效、与环境相和谐的航空运输体系。

国际机场理事会有如下主要职责。

（1）为发展一个安全、环保和高效的航空运输系统，使机场为航空运输做出最大贡献。

（2）建立与民航运输业、股东、政府及国际机构之间的合作。

（3）代表机场的权益，协调国际组织和机场所属国政府的法律、政策和标准。

（4）提高公众对机场在社会和经济发展中重要性的认识，推进机场在航空运输系统中的发展。

（5）促进机场之间的最大化合作。

（6）为成员机场提供先进的行业知识、建议和支持，帮助机场培养管理与运行方面的杰出人才。

（7）发挥国际机场理事会的全球组织能力和广泛资源作用，为所有成员提供切实可行而且有效的服务。

（二）国际机场理事会的组织结构

国际机场理事会的最高权力机构是大会，每年召开一次。会议期间选举产生常设管理机构 ACI 世界理事会和执行委员会。"ACI 世界理事会"由 29 个国际机场理事会成员组成，主要负责制定国际机场理事会的政策和规章，审查和确定财务预算，决定各机构负责人的任免，并制定休会期间的主要工作和行动计划。

国际机场理事会在亚洲、欧洲、拉丁美洲、北美、太平洋和非洲设有分会。

目前中国大陆地区有 19 个民用机场加入了国际机场理事会。

四、其他国际性民航组织

世界上除了上述三大国际性民航管理机构之外，还有许多非政府性的地区性或跨地区性的民航组织，负责协调本地区的民航事务。虽然这些组织不属于任何一个国家的政府，但是它们在许多方面直接和间接地影响着本地区各国政府对国际航空运输业的管理和政策。

第二节　中国民航管理组织

随着世界民航运输业的发展和中国不同历史时期建设任务与发展方针的调整，中国民航运输业的管理体系也在不断地变革与调整，以适应国际民航和国内经济社会发展的需要。

一、中国民航行业管理体系结构

自 1949 年新中国成立以来，中国民航经历过多次体制调整和改革。特别是在 2002 年进行民航重大体制改革以后，民航行业管理更加专门化，其显著特点是，加强行业管理和监督，重点突出民航运输安全和市场管理。调整后的中国民航行业管理体系结构如图 2-5 所示。

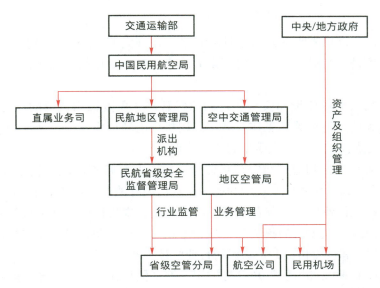

图 2-5　中国民航行业管理体系结构示意图

二、中国民用航空局

中国民用航空局（以下简称民航局，其徽标见图 2-6）是中国政府管理和协调全国民航运输业发展的主管职能部门，2008 年 3 月之后隶属于中华人民共和国交通运输部（以下简称交通运输部）管理。根据《中华人民共和国民用航空法》（以下简称《民用航空法》），"国务院民用航空主管部门对全国民用航空活动实施统一监督管理；根据法律和国务院的决定，在本部门的权限内，发布有关民用航空

图 2-6　中国民用航空局徽标

活动的规定、决定"。根据中央政府对民航局的职能定位，民航局在中国经济改革开放深入发展新阶段具有如下主要职责。

（1）提出民航行业发展战略和中长期规划，以及与综合运输体系相关的专项规划建议，按规定拟订民航有关规划和年度计划并组织实施和监督检查。起草相关法律法规草案、规章草案、政策和标准，推进民航行业体制改革工作。

（2）承担民航飞行安全和地面安全监管责任。负责民用航空器运营人、航空人员训练机构、民用航空产品及维修单位的审定和监督检查，负责危险品航空运输监管、民用航空器国籍登记和运行评审工作，负责机场飞行程序和运行最低标准监督管理工作，承担民航航空人员资格和民用航空卫生监督管理工作。

（3）负责民航空中交通管理工作。编制民航空域规划，负责民航航路的建设和管理，负责民航通信导航监视、航行情报、航空气象的监督管理。

（4）承担民航空防安全监管责任。负责民航安全保卫的监督管理，承担处置劫机、炸机及其他非法干扰民航事件相关工作，负责民航安全检查、机场公安及消防救援的监督管理。

（5）拟订民用航空器事故及事故征候标准，按规定调查处理民用航空器事故。组织协调民航突发事件应急处置，组织协调重大航空运输和通用航空任务，承担国防动员有关工作。

（6）负责民航机场建设和安全运行的监督管理。负责民用机场的场址、总体规划、工程设计审批和使用许可管理工作，承担民用机场的环境保护、土地使用、净空保护有关管理工作，负责民航专业工程质量的监督管理。

（7）承担航空运输和通用航空市场监管责任。监督检查民航运输服务标准及质量，维护航空消费者权益，负责航空运输和通用航空活动有关许可管理工作。

（8）拟订民航行业价格、收费政策并监督实施，提出民航行业财税等政策建议。按规定权限负责民航建设项目的投资和管理，审核（审批）购租民用航空器的申请。监测民航行业经济效益和运行情况，负责民航行业统计工作。

（9）组织民航重大科技项目开发与应用，推进信息化建设。指导民航行业人力资源开发、科技、教育培训和节能减排工作。

（10）负责民航国际合作与外事工作，维护国家航空权益，开展与港澳台的交流与合作。

（11）管理民航地区行政机构、直属公安机构和空中警察队伍。

（12）承办国务院及交通运输部交办的其他事项。

如图2-5所示，民航局通过下设的业务司和民航地区管理局履行各项管理职责。

目前，中国除政府对民航行业进行管理之外，还有两大社会组织协助民航局进行行业管理，一个是中国航空运输协会，另一个是中国民用机场协会。

三、中国航空运输协会

中国航空运输协会（其徽标见图2-7）由中国国际航空股份有限公司（以下简称国航）、中国东方航空集团有限公司（以下简称东航）、中国南方航空集团有限公司（以下简称南航）等九家航空公司发起，于2005年成立，总部设在北京。中国航空运输协会以航空公司为主体，由民航企事业单位法人和社团法人自愿参加的全国性行业组织。中国航空运输协会具有如下主要职责。

图2-7　中国航空运输协会徽标

（1）根据民航局授权和政府部门委托，组织对航空公司及有关专业人员进行岗位技能培训，进行专业岗位或代理人等的资质和资格认证。

（2）组织与推进国际与海峡两岸业界的联系与交流。

（3）协助政府对民航运输企业的市场行为进行监督，维护航空运输企业的合法权益。

中国航空运输协会的最高权力机构是会员大会，每年召开一次。协会的执行机构是理事会，由会员大会选举产生，每年至少召开一次。理事会的主要职责是：执行会员大会的决议；选举和罢免理事长、副理事长、秘书长；筹备召开会员大会；决定会员的吸收和除名；决定设立办事机构、分支机构（专业委员会）、代表机构和实体机构；制定协会内部管理制度；领导协会各机构开展工作；决定其他重大事项等。

四、中国民用机场协会

中国民用机场协会（其徽标见图 2-8）于 2006 年成立，它是一个全国性民用机场行业组织，总部设在北京。中国民用机场协会具有如下主要职责。

图 2-8　中国民用机场协会徽标

（1）举办与机场业务相关的交流活动。

（2）开展与机场业务相关的信息收集、分析咨询和评比服务。

（3）受政府委托，起草机场行业标准，推动新技术运用。

（4）根据机场行业发展需要和趋势，向政府有关部门提出政策或立法建议。

（5）组织开展与机场业务相关的国际交流与合作。

中国民用机场协会的最高权力机构是会员代表大会，每一年至少举行一次。理事会是会员代表大会的执行机构，在大会闭会期间行使会员代表大会赋予的权力，领导协会开展日常工作，每年至少召开两次会议。理事会的主要职责有：执行会员代表大会的决议；选举和罢免理事会理事长、副理事长和秘书长；制定会费收取标准；筹备召开会员代表大会，审定大会议事日程，决定大会举行的日期和地点等；决定会员的吸收；决定设立办事机构、分支机构、代表机构；决定副秘书长、各机构主要负责人的聘任；领导协会各机构开展工作；制定协会内部管理制度和协会发展计划；决定其他重大事项等。

第三节　航　空　公　司

根据《中华人民共和国民用航空法》和《公共航空运输企业经营许可规定》，航空公司是一种"公共航空运输企业"，是"以营利为目的使用民用航空器从事旅客、行李、货物、邮件运输的企业法人"。简而言之，航空公司就是运用飞机从事客货邮航空运输的企业。根据《公共航空运输企业经营许可规定》，在中国组建和经营航空公司，必须拥有机队（运力）、技术人员（飞行、维修和管理）、航线和销售网络（市场）及基地机场等从事航空运输的基本条件，必须符合《中华人民共和国民用航空法》和《中华人民共和国公司法》规定的基本要求，必须通过《公共航空运输企业经营许可规定》中要求的相关审批程序，并获得民航局颁发的经营许可证和运行许可证，方可从事中国境内的民航运输业务。

随着航空技术和民航运输市场的发展，航空公司的机队规模和市场规模在不断扩大，航空公司之间、航空运输与地面（高铁）运输之间的竞争日益加剧，航空公司已经从单一经营航空客货运输业务发展成为多元化经营的综合型企业，不仅从事国际、国内、定期、不定期航班或包机客货运输业务，而且从事旅游、物流、金融、房地产、餐饮服务等非航空性业务，以增加收入。航空公司也是人员、资金、技术和风险高度密集的服务型企业，呈现出航线网络化、市场全球化、经营多元化、管理集团化、竞争联盟化、技术信息化等发展趋势。

一、航空公司的分类

航空公司是直接面对市场担负客货航空运输的一线运输企业。随着社会、经济和科学技术的发展，航空公司的战略定位、市场规模、经营模式、营销能力等都在不断发展和调整，以适应全球化竞争的经济环境，因而航空公司在民航运输市场中的地位和作用也随之产生差异。

（一）按资产结构分类

根据资产结构，中国的航空公司目前主要分为以下几类。

1. 国有航空公司

国有航空公司资产主要来源于中央政府投资，由国家控股和中央政府管理，如国航、东航和南航，它们主要经营国内干线和国际航线的航空运输，是中国航空运输的主体力量。其中，中国国际航空股份有限公司是中国的"旗舰"航空公司。

2. 地方航空公司

1980 年，中国民航体制改革后，为了鼓励地方政府参与建设民航的积极性以加快中国民航业的发展，中国开始出现地方航空公司。地方航空公司主要是指由省市地方政府参与投资和管理的航空公司，如厦门航空有限公司（以下简称厦航）、山东航空股份有限公司（以下简称山东航空）、海南航空控股股份有限公司（以下简称海航）、上海航空股份有限公司（以下简称上海航空）等。随着中国民航体制改革的深入，地方航空公司的资产结构也逐步出现多元化，地方政府的投资主体地位也在发生变化。大多数地方航空公司的特点是：主要由省市政府出资控股，以省会城市为运行基地布局航线网络，以服务地方经济的国内航空运输为主。

3. 民营航空公司

民营航空公司主要是指民间资本（而非国有资本）控股的航空公司。民营航空公司这一概念在 20 世纪 90 年代初期伴随中国大力推进"枢纽 – 支线"发展战略而逐步形成。特别是 2004 年中国首家完全由民间资金筹建的鹰联航空有限公司成立后，以及 2004 年底民航局《公共航空运输企业经营许可规定》的出台，极大地激发了中国民间资本投资民航运输业的热情，先后批准成立了如奥凯、春秋、祥鹏、幸福、鲲鹏等十多家民营航空公司。民营航空公司的主要特点是：公司资本主要来自民间经济实体，以经营支线民航客货运输业务为主。

（二）按经营航线类别分类

航空公司根据自身的企业发展战略定位，确定自身的经营规模和经营模式，随之将确定其市场范围和航线网络结构。根据我国航空公司的市场规模和航线结构，航空公司主要分为三类。

1. 国际航空公司

国际航空公司主要是指经国家授权、在经营国内民航运输业务的同时经营国际航线运输业务的航空公司。目前中国的国际航空公司主要是国航、东航和南航。据统计，这三家航空公司近 5 年的国际运输业务量之和占中国国际航空运输总量的 95% 以上。目前一些地方航空公司也开始经营短程国际航线，如山东航空经营日本航线、厦门航空经营韩国航线、海航经营欧洲和美洲部分航线。

2. 干线航空公司

干线航空公司是指主要以经营首都至各省会城市及省会至省会城市之间航线为主的航空公司。

3. 支线航空公司

支线航空公司是指以经营省级以下城市之间航线为主的航空公司，通常都是小型航空公司。目前在中国，一些地方航空公司或民营航空公司在注册成立时都号称经营支线业务，但由于目前中国的大多数支线航班盈利不稳定，因此这些航空公司实际上都在经营干线业务。

（三）按经营业务分类

根据所从事的业务范围，航空公司可以分为以下几类。

1. 运输航空公司

大众概念中的航空公司，通常是以旅客运输为主、客货运输业务兼营的航空公司。对于一个航空公司的具体航班而言，如果配飞的航班飞机腹舱小，则运载的全是旅客。通常的航班飞机在装载旅客的同时配载货物或者邮件，以充分发挥航班飞机的载运能力，以增加航班收入。但是，这些经营旅客运输的航空公司，可能会有专门经营货运的航班，如国航、东航和南航，都有以大型货机为主的航班专营国际货运业务。

2. 货运航空公司

顾名思义，专业货运航空公司只经营航空货物或航空邮件运输业务，包括航空快递业务。例如，中国货运航空有限公司主要经营航空货物运输，中国货运邮政航空公司经营的业务则以航空邮件和航空快递为主，顺丰航空有限公司主要经营快递业务。美国的 FedEx 和 UPS、德国的 DHL、荷兰的 TNT 等国际著名快递公司，在发展初期以经营国际快递业务为主，现今已经发展成为以国际物流为特色的专业货运航空公司。

3. 通用航空公司

通用航空公司是指从事通用航空业务的航空公司。根据《民用航空法》第一百四十五条，通用航空是指使用民用航空器从事公共航空运输以外的民用航空活动，包括从事工业、农业、林业、渔业和建筑业的作业飞行及医疗卫生、抢险救灾、气象探测、海洋监测、科学实验、教育训练、文化体育等方面的飞行活动（见图 2-9）。《国际民用航空公约》附件 6 中将"通用航空"界定为：为获取酬金或收费而从事的旅客、货邮运输等商业运输或航空作业以外的航空器运行活动。

随着中国经济社会的发展和民航运输大众化服务的推进，通用航空开始涉及经营性短途客货运输服务。根据中国 2021 年 1 月 1 日开始实施的新版《通用航空经营许可管理规定》，经营性通用航空活动分为如下三类。

（1）载客类，是指通用航空企业使用符合民航局规定的民用航空器，从事旅客运输的经营性定期航空运输飞行服务活动。

图 2-9　通用航空—农业飞行服务

（2）载人类，是指通用航空企业使用符合民航局规定的民用航空器，搭载除机组成员及飞行活动必需人员以外的其他乘员，从事载客类以外的经营性飞行服务活动，泛指传统的通用航空服务。

（3）其他类，是指通用航空企业使用符合民航局规定的民用航空器，从事载客类、载人类以外的经营性飞行服务活动。载客类经营活动的主要类型包括通用航空短途运输和通用航空包机飞行等不定期航空运输服务。

目前世界上有些国家，如美国，已经允许通用航空公司兼营小型机场之间的短程旅客航空运输服务（commuter service），特别是在交通不便的地区，由于旅客量小，开设定期航班不具备经济性，因此采用仅有几座的超小型飞机提供类似"计程出租车"或"公共汽车"的（不）定期短程旅客运送服务，业界称之为"通勤航空"（commuting flight）。目前，中国政府已批准通用航空公司从事短途客货运输业务。

随着科学技术的发展，无人机的广泛运用极大地丰富了通用航空服务的内涵，对通用航空服务理念也带来新的挑战。

4. 公务机航空公司

21 世纪以来，随着全球经济快速发展和航空管制的放松，高端航空旅客需求不断增长，因此出现了专营商务包机飞行服务的航空公司。随着私人飞机的增多，公务机航空公司的经营业务也随之扩大，出现为私人飞机提供飞机执管（代为申请飞行、驾驶飞行和机上服务等）和飞机维修等服务。

5. 低成本航空公司

首先，让我们回顾一下低成本航空公司的发展背景。低成本航空公司这一概念源自20 世纪 80 年代的美国西南航空公司。美国西南航空公司原名为 Air Southwest Co.，创建于 1967 年，1971 年更名为现在的 Southwest Airlines Co.。20 世纪 70 年代初，美国西南航空公司为了在激烈的市场竞争中求得生存和发展，采用一种低廉票价、优质服务的竞争策略，获得了巨大成功。为了在市场上能够以低廉票价与对手进行价格竞争，美国西南航空公司采取了多种措施，大力降低运营成本。

（1）简约机上服务，彻底改变机上无偿提供餐食服务的历史，同时减少机上服务人员。

（2）统一机型，只采用性价比最优的波音 737 系列飞机，减少机组配置成本和飞机维修成本。

（3）经营二线以下机场和航线，避免了与大航空公司的直接竞争和一线机场的较高收费。

（4）互联网上销售，减少人工销售成本和代理人销售费用，降低了市场成本。

（5）办公自动化，精简机构和管理流程，提高办事效率，降低管理成本。

通过上述几大措施，美国西南航空公司在激烈的竞争中取得了长足发展。

美国西南航空公司的成功，给世界航空运输企业的经营理念带来革命，航空运输的发展不能只追求高贵奢华，大众化平民服务也是一条发展的康庄大道。目前世界上低成本航空公司有数百家，但是经营状况良好的并不多，其主要原因在于没有真正能够有效地降低运行成本。中国 20 世纪 90 年代以来创建的民营航空公司都试图仿效美国西南航空公司走低成本运营之道，但是由于航油价格不断飙升、机队成本无法降低、航线竞争缺乏优势、管理成本难以控制等诸多因素，唯有春秋航空股份有限公司（以下简称春秋航空）通过庞大的销售网络和薄利多销的高客座率获得经营成功外，大多数民营航空公司都未能实现廉价优质的发展目标。

根据国内外业界人士的共识，低成本航空公司或廉价航空公司的主要特点是：采用单一机型、以支线航空为主要市场、简约机上服务、机票直销等方法，以降低航班运行成本，以票价优势进行市场竞争。

二、航空公司的管理组织

航空公司是从事航空运输飞行服务的企业，经历了从 20 世纪初以来至今一个多世纪的发展，航空运输运行组织、日常经营管理等都已经形成了以安全为核心的管理体系。根据中国现行的民航管理体制，航空公司作为企业自主经营，接受民航局的行业监督（参见图 2-5），接受资产归属机构的经营监管。航空公司的内部运营管理模式、组织结构和机构设置取决于各航空公司的隶属管理关系、资本结构、经营模式及其市场规模、经营理念。尽管各航空公司的内部管理机构设置不同，但是如同大多数其他企业一样，其管理组织的基本结构基本相似，如图 2-10 所示。

现代航空公司的资本结构多元化，因此通常设有代表股东利益行使职权的董事会，根据股东大会的决议负责对公司资产进行管理，对公司的投资计划和发展战略进行决策，对公司日常经营进行监督。航空公司经营实体负责经营公司资产，使资产通过市场进行增值。换言之，航空公司的总经理带领经营管理团队，执行董事会决议，负责经营航空公司，进行航空公司的日常运营管理，使航空公司通过市场经营获得利润。

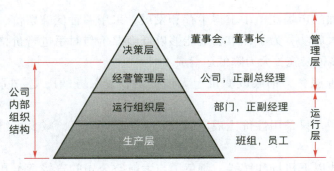

图 2-10 航空公司 / 机场公司管理结构示意

第四节 民 用 机 场

根据《民用航空法》，民用机场是指专供民用航空器起飞、降落、滑行、停放以及进行其他活动使用的划定区域，包括附属的建筑物、装置和设施。换言之，民用机场为保障民航运输不仅提供飞机起飞降落和停靠所必需的跑道、助航设备、机坪等一系列保障设施，还必须提供旅客候机、转乘、等候休息的候机楼、行李服务及货物运输的相关设施设备与场所。此外，机场还需要为航班保障部门、政府派出机构及相关驻场单位提供相应的场所和保障设施。

一、民用机场管理体制

2002 年 3 月，国务院批准了《民航体制改革方案》，其重点改革内容之一是民用机场属地化管理，除北京首都国际机场和西藏自治区内的民用机场仍属民航局管理之外，中国境内所有民用机场的行政管理均脱离民航局，归属机场所在地政府管理。与航空公司一样，民航局只负责对民用机场使用许可及其相关活动的统一管理和持续监督检查，包括：制定有关规章、标准，并依法监督检查机场运行情况，审批并颁发运输机场的民用机场使用许可证，负责运输机场名称的批准和设立国际机场的审核，以及行使法律、行政法规规定的其他有关职责。

由于民用机场具有为经济社会发展和社会大众服务的公益性特征，因此在 2009 年国务院颁布的《民用机场管理条例》中，将中国民用机场定位为"公共基础设施"。对民用机场的这种定位，意味着中国民用机场将如同公路、铁路、水路一样，被纳入地方政府的交通建设和管理之列，包括对机场的规划发展、投资建设与经营监督等行政管理。由于民用机场在交通运输体系中具有一定的区域垄断性，为了保证机场服务的公正性，2005 年，民航局颁布了《国内投资民用航空业规定（试行）》（以下简称《规定》），对民用机场的资产结构和投资主体进行了规范。《规定》指出，"国内投资主体投资民用航空业，应当有利于巩固和发展公有制经济，有利于鼓励、支持和引导非公有制经济发展，有利于坚持和完善公有制经济为主体、多种所有制经济共同发展的基本经济制度。国内投资主体投资民用航空业，应当有利于促进公平、有序竞争，防止垄断和不正当竞争"。《规定》还进一步明确指出，"民用运输机场是自然垄断部门，鼓励各国内投资主体多元投资，非国有投资主体可以参股"，但是"大中型民用运输机场应当保持国有或者国有控股"。这里的"大中型民用运输机场"主要指省级或计划单列市政府所在地机场和部分重点旅游城市所在地机场。政府通过立法对机场资产控股进行行政性限制，以保证机场的中立性和服务的公平性。

随着机场管理模式的深入改革和发展，中国中大型机场的经营管理模式开始从资产管理与经营管理混为一体的传统管理模式逐渐向两者分离的专业化管理方向发展，以提高机场资产保值增值的经营效果。因此，中国机场属地化之后成立的各类机场集团公司，实际上主要负责机场资产管理和机场投资决策，机场的日常运营和经营活动通常由不断专业化的机场公司按照企业模式进行运营。

二、机场的一般分类

2005 年，中国政府颁布的《民用机场使用许可规定》中把"民用机场分为公共航空运输机场和通用航空机场"两大类 。实际上，由于机场所在区域的经济社会发展程度不同，机场所在城市的政治地位、经济水平和国际地位不同，因而各机场的设施规模、经营规模及在航线网络中的角色与地位差异很大。根据机场开通的航线、航班业务性质等，通常还有航班机场、国际机场、通用航空机场之分，有枢纽机场、门户机场、干线机场、支线机场之分。

（一）运输机场

顾名思义，运输机场泛指提供定期或不定期客货航班运输服务的民用机场。这类机场不包括通用航空机场，但有部分机场属于军民合用机场。由于中国专用的通用航空机场相对较少，因此大部分航班运输机场兼营通用航空业务。

（二）国际机场

国际机场通常是指提供国际定期客货航班运输服务，并且具有一定旅客吞吐量规模的中大型民用运输机场。虽然在国际上没有关于国际机场的统一标准，然而根据业务需要，国际机场不仅提供国际和国内定期与不定期客货邮航班运输服务，而且还必须设有边防、海关和检验检疫（亦称口岸）等政府派出机构，代表所在国政府对国际旅客和货物行使相关检查和审查职能。随着中国对外开放和国际客货运输业务的不断扩大，国际机场已经成为国家和地区连接世界的重要门户。

（三）通用机场

通用机场主要用于通用航空飞行服务。根据 2017 年 4 月 14 日民航局颁布的《通用机场分类管理办法》的第三条，通用机场根据其是否对公众开放分为 A、B 两类。

1. A 类通用机场

A 类通用机场即对公众开放的通用机场，指允许公众进入以获取飞行服务或自行开展飞行活动的通用机场。A 类通用机场分为以下三个等级。

（1）A1 级通用机场。含有使用乘客座位数在 10 座以上的航空器开展商业载客飞行活动的 A 类通用机场。

（2）A2 级通用机场。含有使用乘客座位数在 5 ～ 9 的航空器开展商业载客飞行活动的 A 类通用机场。

（3）A3 级通用机场。除 A1、A2 级外的 A 类通用机场。

2．B 类通用机场

B 类通用机场即不对公众开放的通用机场，指除 A 类通用机场以外的通用机场。这里所称商业载客飞行，指面向公众以取酬为目的的载客飞行活动。

除了专用的通用机场之外，通常大多数运输机场在经营民用航空客货运输业务的同时，也提供通用航空服务，如救援、消防等。

（四）支线机场

根据民航局 2006 年 4 月 30 日颁布的《民用航空支线机场建设标准》（MH5023—2006），中国支线机场设计规模一般如下：

（1）设计目标年旅客吞吐量小于 50 万人次（含）。

（2）主要起降短程飞机。

（3）规划的直达航程一般在 800 ～ 1 500 千米范围内。

因此，支线机场通常都是小型机场，飞行区等级大多为 4C 以下，少部分为 4D，主要分布在边远地区或地市级小型城市，与省会城市机场或其他支线机场之间形成支线航线网络，在地面交通不便的小城市之间提供"点 – 点"支线航空运输服务，与干线机场构成"枢纽 – 支线"航线网络结构，为枢纽机场提供客货"集散"服务。

（五）低成本机场

为适应低成本航空公司的发展需求，在欧美国家的部分地区出现"低成本机场"。与通常的运输机场不同，低成本机场通常为支线机场，没有豪华的候机楼和齐备而复杂的设施设备，只有简单的候机室（类似中国的小型火车站）和加油设备，只提供必要的安检和售票服务，以此降低机场的运行成本，为低成本或廉价航空公司服务。

（六）枢纽机场

枢纽机场的概念出现在 20 世纪 70 年代后期美国政府"放松管制"政策出台之后。20 世纪 80 年代初期，随着美国国内民航运输市场的激烈竞争，部分大型航空公司为了提高航班载运率以降低成本、增加利润，开始对航线结构进行战略性调整，逐步减少客座率较低的直飞航班，以经济繁荣、客货流量大、地面交通发达的大型城市机场为中转枢纽（hub），构建"干—支"结合的航线网络，使得周边短程航线旅客通过枢纽机场中转到远程航线目的地，如图 2-11 所示。采用

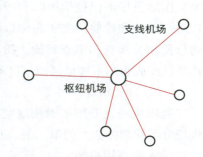

图 2-11　辐射型枢纽航线网络结构

这种以枢纽机场为中心、"干—支"航线相结合的航线网络结构，可以提高航班载运率，缩短航班飞机周转时间，增加航班密度，使旅客选择中转航班的机会明显增多。

源于美国的这种"枢纽航线网络"和"枢纽机场"经营战略，显示出它的超强集散、中转优势及强大的经济动力，极大地促进了枢纽机场本身的发展和以它为中心的周边地区经济社会特别是临空经济的发展，如航空维修业、物流业、高新产业、国际贸易、金融业、房地产、配套服务业等。

需要特别指出的是，第一，枢纽机场是一个具有区位优势、处于航线交汇的区域中心，便于旅客中转和航班衔接，如国际枢纽机场或区域枢纽机场。第二，枢纽机场本身需要具备中转服务功能，能够为中转旅客和过站航班提供便捷服务。第三，枢纽机场能否成为"航线枢纽"和"中转枢纽"，还需要与航空公司共同努力，共同开拓市场，才能形成枢纽航线网络，才能使机场发展成为枢纽。

三、机场按技术等级的分类

机场是一种非常复杂的交通基础设施，它的设施建设和投资规模不仅与机场的客货业务量有关，而且与机场跑道所处的地理位置、地质条件、气象水文条件和空域条件等因素有关。这些因素的差异，从技术角度而言，使机场的核心设施产生较大差异。

（一）机场飞行区等级分类

飞行区是机场的主要基础设施，通常是指供飞机起飞和着落、滑行、停靠等活动之用的区域，包括跑道、滑行道和停机坪等。

飞行区等级，一方面反映了机场跑道的技术规格和需要满足航班（飞机）飞行的技术要求，另一方面也反映了机场的规模。

根据国际民航组织的相关规定，飞行区等级由第一要素代码（等级指标Ⅰ）和第二要素代码（等级指标Ⅱ）来标识，用于确定跑道长度及跑道道面强度，以便能够满足所需起降机型的种类和大小。

第一要素代码：飞机基准飞行场地（即跑道）长度。基准飞行场地长度是指在标准条件下（即海拔高度为零，气温为15℃，无风，跑道坡度为零），以机型规定的最大起飞全重为准的最短跑道长度或最小起飞距离。

第二要素代码：选择可供使用的最大飞机的翼展或主起落架外轮的外侧边间距要求较高者。

依据跑道的这两个要素，标识飞行区等级，如表2-1所示。

表2-1　中国民用机场飞行区基准代码　　　　　　　　　　　　　　单位：米

第一要素		第二要素			等级组合	主要机型
代码	基准飞行场地长度（L）	代码	翼展长度（FL）	主起落架外轮外侧间距（S）		
1	$L < 800$	A	$FL < 15$	$S < 4.5$	1A	
2	$800 \leq L < 1\,200$	B	$15 \leq FL < 24$	$4.5 \leq S < 6$	2B	

续表

第一要素		第二要素			等级组合	主要机型
代码	基准飞行场地长度(L)	代码	翼展长度（FL）	主起落架外轮外侧间距(S)		
3	$1\,200 \leqslant L < 1\,800$	C	$24 \leqslant FL < 36$	$6 \leqslant S < 9$	3C	CRJ、ERJ
4	$L \geqslant 1\,800$	C	$24 \leqslant FL < 36$	$6 \leqslant S < 9$	4C	B737、A320
		D	$36 \leqslant FL < 52$	$9 \leqslant S < 14$	4D	B767、A300
		E	$52 \leqslant FL < 65$	$9 \leqslant S < 14$	4E	B747、B777、A340
		F	$65 \leqslant FL < 80$	$14 \leqslant S < 16$	4F	A380

通常，4E级飞行区的机场跑道长度一般在3 200～3 400米，可起降B747、B777或A340飞机；4F级飞行区的跑道长度则在3 400～4 000米，可以起降A380飞机。事实上，跑道的实际长度在参照国际标准的基础上，还要根据起降条件及机场地区的地形地貌和盛行风向等因素来确定。

（二）跑道导航设施等级分类

机场通常还根据跑道的导航设施等级进行分类，以反映机场保障飞行安全和航班正常率的能力。跑道导航设施等级主要根据其能够保障航班飞机进近程序的飞行方式进行划分。根据导航设施配置情况，机场跑道分为非仪表跑道和仪表跑道。

1. 非仪表跑道

非仪表跑道指供飞机用目视进近程序飞行的跑道，代码为V。这一类跑道没有配置相应的助航设施，需要飞机驾驶人员依靠自己的目视能力完成进近程序飞行，这一类跑道的利用率比较低。

2. 仪表跑道

仪表跑道指供飞机用仪表进近程序飞行的跑道。仪表跑道通常分为如下几类。

（1）非精密进近跑道。装备相应的目视助航设备和非目视助航设备的跑道，提供方向性引导，能够满足直线进近飞行，代码为NP。

（2）Ⅰ类精密进近跑道。装备仪表着陆系统和（或）微波着陆系统及目视助航设备，能够供飞机在决断高度低至60米和跑道视程低至800米时着陆的仪表跑道，代码为CAT Ⅰ。

（3）Ⅱ类精密进近跑道。装备仪表着陆系统和（或）微波着陆系统及目视助航设备，能够供飞机在决断高度低至 30 米和跑道视程低至 400 米时着陆的仪表跑道，代码为 CAT Ⅱ。

（4）Ⅲ类精密进近跑道。装备仪表着陆系统和（或）微波着陆系统的仪表跑道，能够引导飞机直至跑道，并沿道面着陆及滑跑。根据对目视助航设备的需要程度，Ⅲ类精密进近跑道分为 A、B、C 三类，代码分别以 CAT ⅢA、CAT ⅢB 和 CAT ⅢC。

跑道配置什么级别的导航设备，需要根据机场性质、地形、环境、气象、起降飞机类型及航班量等因素进行综合确定。显而易见，跑道导航设备等级越高，反映机场保障飞行安全和航班正点的能力越强，当然，投资规模也越大。

（三）航站业务量规模等级分类

反映机场规模的另一个指标是航站业务量规模等级。航站业务量等级通常按照机场的年旅客吞吐量（PAX）或年货邮吞吐量（FRT）来划分，通过这一指标，一方面反映机场的业务量规模和繁忙程度，另一方面，反映机场规划建设的规模，如表 2-2 所示。

表 2-2　中国民用运输机场等级分类

航站等级	年旅客吞吐量（PAX）/万人次	货邮吞吐量（FRT）/千吨	飞行区等级	跑道导航设施等级
小型	PAX < 10	FRT < 3	3B、2C 及以下	V、NP
小中型	10 ≤ PAX < 100	3 ≤ FRT < 20	3C、3D	NP、CAT Ⅰ
中型	100 ≤ PAX < 500	20 ≤ FRT < 60	4C	CAT Ⅰ
大型	500 ≤ PAX < 1 000	60 ≤ FRT < 200	4D、4E	CAT Ⅰ、CAT Ⅱ
特大型	PAX ≥ 1 000	FRT ≥ 200	4E 及以上	CAT Ⅰ 及以上

表 2-2 说明民运输机场的等级指标之间相互影响，大型航班飞机越多，机场业务量规模就越大。因此，机场飞行安全保障能力就要高，配置的导航设施设备建设等级就要高。

（四）机场的其他分类

根据机场所在城市的性质、地位及机场在全国航空运输网络中的作用，中国的民用机场分为 Ⅰ、Ⅱ、Ⅲ 和Ⅳ类，如表 2-3 所示。

（1）Ⅰ类机场，是全国政治、经济、文化中心城市的机场，是全国航空运输网络和国际航线的枢纽，运输业务量特别大，除承担直达客货运输外，还具有中转功能。

（2）Ⅱ类机场，是省会、自治区首府、直辖市和重要经济特区、开放城市、旅游城市或经济发达、人口密集城市的机场，可以建立跨省、跨地区的国内航线，是区域或省区内航空运输的枢纽。Ⅱ类机场也是国内干线机场。

（3）Ⅲ类机场，是国内经济比较发达的中小城市或一般的对外开放和旅游城市的机场，能与有关省区中心城市建立航线。Ⅲ类机场也可称为次干线机场。

（4）Ⅳ类机场，通常指那些如前所述的支线机场。

表2-3 中国民用机场的分类（部分）

机场分类	机场名称
Ⅰ类－1级	北京首都、上海浦东、北京大兴
Ⅰ类－2级	广州白云、上海虹桥、深圳宝安、成都双流、昆明长水
Ⅱ类	杭州萧山、西安咸阳、重庆江北、厦门高崎、青岛胶东、海口美兰、长沙黄花、大连周水子、南京禄口、武汉天河、沈阳桃仙、乌鲁木齐地窝堡、桂林两江、三亚凤凰、郑州新郑、福州长乐、贵阳龙洞堡、济南遥墙、哈尔滨太平
Ⅲ类	其他民用机场

四、机场的管理组织结构

机场在为进出港航班提供地面保障服务的同时，也在大力发展非航空类业务。一方面，提供更多的便利和服务以满足客户的需求，另一方面，通过多元化经营，增加机场整体收入，为机场资产增值。随着机场业务规模和影响力的扩大，尤其是中大型机场在地方或区域经济社会发展中的重要性日益显现，机场与周边区域的关联度越来越高。因此，高效运营和科学管理机场已经成为一项复杂而重要的工作。虽然世界上不少国家将机场界定为公共基础服务设施，但是大多数机场按企业模式进行日常经营管理。机场公司具有与一般企业相似的组织结构，如图2-9所示，并按机场公司的管理职能要求进行具体机构设置。

五、机场的社会和经济特性

民用机场是社会公共交通运输体系中的一个重要组成部分，在区域经济社会发展进程中，已经成为跨越地理空间对外交流的重要门户，对促进地方产业结构调整、拉动地方经济发展，具有越来越重要的作用。在经济发达地区，已经形成以机场为中心、以民航运输业为基础的临空经济圈，成为带动地方经济社会快速发展的助推器。与航空公司不同的是，机场占用较大规模的土地空间，机场本身、驻场企业及单位、环绕机场四周兴起的经济实体，使机场与当地经济社会融为一个不可分割的整体。

（一）机场的社会特征

机场作为一种公共交通基础设施，具有以下主要社会特征。

1. 准公共产品属性

航空运输是一种公共交通运输方式。它与其他交通方式一样，建设机场的首要目的在于提供航空运输服务，加强对区域外的客货流动，以拉动和促进地方乃至一个区域的经济社会发展，是一种为全社会公众服务、投资规模大、直接经济回报周期长、社会效益高、"自己栽树，果落他家"的准公共性产品。因此，世界上大多数国家的政府将机场纳入城市发展规划和投资建设范围，机场资产甚至有些机场的日常运行被纳入政府管理。

2. 社会关联度高

由于机场区位空间坐落一方，并且占地规模大，不仅是区域性公共交通基础设施，而且在机场周边形成了与之配套以及衍生的产业片区。不同于航空公司航线效益不佳可改飞其他城市，而机场则永远扎根并服务于一方，与所在地的地面交通系统、社会公共保障性基础设施（水、电、气、油、通信等）、地方政府、社会就业与配套生活服务等社会实体，形成了一个密不可分并具有一定规模的机场社区（airport community），成为地方社会和经济结构中紧密关联的一个重要组成部分。

3. 社会功能多

机场作为公共交通基础设施，为社会大众提供航空运输服务，这是它的基本功能。由于机场作为一个城市乃至一个地区对外交流的空中门户，以及机场所具有的快速集散优势，对地方社会和经济发展具有重要的促进和拉动作用。由于航空运输的快捷、高度机动性和通达性等优势，机场又是重要的国防基础设施。

（二）机场的经济特性

机场作为一种营利性实体，具有以下主要经济特征。

1. 区域垄断性

由于机场服务覆盖的地理空间范围大，机场密集地区通常覆盖 1 ～ 1.5 小时的车程范围，大中型国际机场的服务覆盖范围则更大。因此在这一区域内通常只有一个机场存在，这就形成了机场在这一区域内对民航运输市场的自然垄断现象。尽管在一些城市或地区存在多个机场（如北京、上海、纽约、伦敦、珠江三角洲地区等），但是通过某些方式的资源整合已经形成（集团性）整体运营，成为该地区的一种新的市场垄断模式，如机场集团、多机场系统或机场群等。

2. 营利性

大多数机场按照企业模式进行经营，因此机场具有营利性，通过发展主营和非主营业务，为机场创造收益，为地方财政创造税收。由于机场具有企业性质，因此在区域性航空运输市场中具有竞争性，以获得更多的市场份额。机场还具有民航运输业所共有的经济特征，如区域性、季节性、经济同步增长性、规模经济性和密度经济性等特征。

六、机场与航空公司的协调发展关系

机场和航空公司在航空运输系统中扮演着不同的角色，航空公司承担具体的空中运输飞行服务，机场提供地面保障服务。但是在一些中大型机场，除了跑道及助航灯光系统等直接服务于航班的设施设备属于机场的垄断性资源之外，机场的其他地面保障服务及非航空类业务，在机场与基地航空公司之间存在着许多共同利益与市场竞争关系。一方面，机场拥有"地主"优势，对机场资源具有一定的垄断性，另一方面，机场需要依靠航空公司"繁荣"机场。因此，在机场与航空公司之间又存在着一种"唇齿相依"的协调发展关系。

第五节　空中交通管理

空中交通管理是民航运输系统中保障飞行运输活动的一个重要业务领域。空中交通管理的基本任务主要是负责提供空中交通服务、空域管理和空中交通流量管理；有效维护和促进空中交通安全，维护空中交通秩序，确保航空公司或承运人能够按照预定的起飞时间和到达时间沿规定的航线安全、有序地实施航班飞行。

一、空中交通管理的基本任务

空中交通管理的基本任务，主要包括三大部分。

（一）空中交通服务

民航空中交通管理部门为飞行中的民用航空器提供空中交通服务，包括空中交通管制服务、航行情报服务和告警服务。

1. 空中交通管制服务

空中交通管制服务指利用通信、导航技术和监控手段对航班飞机的飞行活动进行监视和控制，协调和指挥航班飞机在指定的航路空间飞行，维持空中交通秩序，保障航班飞机飞行安全，提高航班运行效率的服务工作。

2. 航行情报服务

航行情报服务旨在为航班飞机准备和提供有助于安全和有效地实施飞行的情报和建议，如航路信息、航路气象信息、航线机场信息、航图等。

航空情报服务是一种专门服务，负责收集、整理和编辑民用航空资料，负责设计、制作和发布有关中国领域内及国际缔约区域内航空情报的有关服务活动，以保障空中航行安全。航空情报主要包括机场、航路、通信导航、空域和空管等方面的资料、图纸和数据，供航空公司签派和空管部门制定飞行方案，以及机组飞行前和飞行中使用。

空域规划和空管方面的信息主要包括：空中交通规则和规定，以及与国际民航公约附件的差异；空域和航路的设立、变动；空管及搜寻援救服务的规定及变动；空中走廊、禁区、限制区、危险区等特殊空域的设立、改变；炮射、气球、跳伞、航空表演等影响飞行的活动；航路的关闭、开放；机场的进场和离场飞行程序；机场的仪表和目视进近程序；主要临近机场；噪声限制规定和减噪程序；机场地面运行规定；飞行限制和警告等。

航务管理方面的信息主要包括：机场运行标准和航务管理的有关规定；机场起飞和着陆最低标准等。

通信导航方面的信息主要包括：通信导航监视规定，以及与国际民航公约附件的差异；机场或者航路的导航和地空通信设施的建立、撤销、工作中断和恢复，频率、识别信号、位置、发射种类和工作时间的改变及工作不正常等情况；地名代码、部门代号的增减或者改变等信息。

机场方面的信息主要包括：机场地理位置和管理资料；机场地勤服务和设施；机场服务单位工作时间；跑道、滑行道、机坪、停机位的布局、数量、物理特性及其变化；机场、跑道、滑行道、机坪、停机位的全部或者部分的关闭、恢复或者运行限制；直升机着陆区域；目视导航设施、机场助航灯光系统、风向标的设置及其主要部分的改变、中断和恢复、撤销；跑道、滑行道、机坪、飞机等待位置等道面标志和障碍物位置标志的设置、改变或者撤销；飞行区和障碍物限制面内影响起飞、爬升、进近、着陆、复飞安全的障碍物的增加、排除或者变动，障碍灯或者危险灯标设置、中断和恢复；飞行区内不停航施工及其影响跑道、滑行道、机坪、停机位使用的，其开工和计划完工时间、每日施工开始和结束时间、施工区域的安全标志和灯光的设置发生变化；机场救援和消防设施保障等级及其重要变动；跑道、滑行道、停机坪积雪、积水情况及其清除和可用状况等发布雪情通告的情报；扫雪计划，扫雪设备和顺序；鸟群活动等。在每日本机场飞行活动开始前 90 分钟，提供当日飞行计划和动态，机场、航路、设施的变化情况和有关的气象资料。

3. 告警服务

当民用飞机需要搜寻援救时，空管部门通知有关部门，并根据要求协助搜寻援救。

(二) 空域管理

空域（airspace）通常是指大气层以下的空气空间，是民航运输活动的空间范围。一个国家领空范围内的空域属于国家资源，国家对空域实行统一管理。

关于空域的分类和使用，国务院、中央军委及民航局先后颁布了相应的规定和规则，由民航局统一负责实施对空域的规范利用和科学管理。

按照统一管制和分区负责相结合的原则，根据航路结构、机场布局、飞行活动性质和空中交通管制的需要，中国将全国空域划分为若干飞行情报区和飞行管制区，并建立相应的管理机构，对在该区内的民用航空飞行提供空中交通服务。同时，为了对民用航空飞行实施有效的管制，要求飞机沿规定的路线在规定的区域内飞行，因此，在飞行情报区和管制区内划定飞行的航路、航线、空中走廊和机场区域；并对一些禁止飞行和在规定时间与高度范围内禁止飞行的区域，划定了空中的禁航区、限制区和危险区。

飞行情报区是指为提供飞行情报服务和告警服务而划定范围的空间。为了便于对在中国境内和经国际民航组织批准由中国管理的境外空域内飞行的航空器提供飞行情报服务，全国共划分沈阳、北京、上海、广州、昆明、武汉、兰州、乌鲁木齐、香港和台北 10 个飞行情报区。

关于危险区、限制区、禁区等的划定，是指根据需要，经批准划设的特殊空域。

空域管理的另一项重要内容是空域规划。空域规划是指对某一给定空域（通常为终端区），通过对未来空中交通量需求的预测，根据空中交通流的流向、大小与分布，对其按高度方向和区域范围进行设计和规划，并加以实施和修正的全过程。其目的是合理利用有限的空域资源，扩大空中交通容量，提高空域利用效率和飞行安全水平。

（三）空中交通流量管理

空中交通流量管理的主要工作包括以下方面。

（1）当空中交通需求超过现行容量时，空中交通管理部门对航路流量进行调控和限制，防止航路交通流量超出负荷，以保障空中交通安全。

（2）根据空域发展规划和空中交通流量需求增长趋势，对空域和终端区的系统容量进行规划，以适应民航运输发展要求。

二、空中交通管理的组织结构

中国民用航空的空中交通管理，归属中国民用航空局下属的空中交通管理局（简称民航局空管局）统一管理，它是民航局的一个职能部门，负责管理中国民航全国的空中交通服务、民用航空通信、导航、监视、航空气象、航行情报等业务。

中国民航空管系统的现行行业管理体制为：民航局空管局、七大地区空管局及空管分局（站）三级管理模式。

中国民用航空局空中交通管理局领导管理民航七大地区空中交通管理局及其下属的民航各空中交通管理单位，驻省会城市（直辖市）民航空中交通管理单位简称空中交通管理分局，其余民航空中交通管理单位均简称为空中交通管理站。

中国民用航空局空中交通管理局的主要职责是：贯彻执行国家空管方针政策、法律法规和民航局的规章、制度、决定、指令；拟定民航空管运行管理制度、标准、程序；实施民航局制定的空域使用和空管发展建设规划；组织协调全国航班时刻和空域容量等资源分配执行工作；组织协调全国民航空管系统建设；提供全国民航空中交通管制和通信导航监视、航行情报、航空气象服务，监控全国民航空管系统运行状况，负责专机、重要飞行活动和民航航空器搜寻救援空管保障工作；研究开发民航空管新技术，并组织推广应用；领导管理各民航地区空管局，按照规定，负责直属单位人事、工资、财务、建设项目、资产管理和信息统计等工作。

中国空中交通管理的基本运行组织形式是：区域管制、进近管制、机场管制为主线的三级空中交通服务体系。

第六节　法　律　体　系

民航运输业是一个国际性行业，在一个严密的国际性组织体系管理下，依靠一套有效的国际法律体系，由各国政府具体配合和实施，形成一个完整的民航管理体系，以确保世界各国安全、有序、公平、健康地开展航空运输业务。

《国际民用航空公约》作为世界各国发展民航运输业的基本大法，从多方面对发展民航运输业提供了明确的法律职责和权利，包括国家领空主权原则、航空器的国籍注册、海关和移民程序、关税、航空器遇险、失事调查、航行设施和标准制度、违约与争议等。

基于《国际民用航空公约》确定的基本原则，国际民航组织还颁布了关于航班飞行权利、航空器权利、保障航空飞行安全等一系列公约，以保障国际航空运输飞行安全。

国际航空运输协会是世界上另一个最大的国际性民航组织，它协同国际民航组织在国际民航运输业务管理、定价、票据标准、清算、服务质量和航班安全等方面，制定和颁布一系列规章和规定，以规范国际航空运输业务。

中国自改革开放以后，民航领域的法制建设在不断加强，逐步建立了一个有效的行业性法律体系。1995年10月30日，第八届全国人民代表大会常务委员会第十六次会议通过了《中华人民共和国民用航空法》（简称《航空法》），并于1996年3月1日起开始施行。《航空法》是中国民航运输业发展的基本大法，在领空主权、民用航空适航管理、公共航空运输、通用航空、乘客等的法律责任与权利、民用航空人员执照制度、民用机场使用和管理制度、民用航空企业许可证制度、飞行管理和飞行保障制度、公共航空运输和通用航空、严厉惩治劫机和其他危害飞行安全的行为、规范民用航空业行政管理、国际航空运输、空域管理和空中交通管理、服务质量等方面，提出了明确的法律责任和权利，为中国民航事业的健康发展提供了法律依据。在民航运输市场准入、民航安全、航空运输企业设立与运行许可、国际航空、民航投资、适航、航空器管理、服务质量、紧急救援等方面，都制定了相应的法规和规定。

本 章 小 结

为保障民航运输业安全、有序地发展，通过有效的国际性民航组织和国家民航管理机构，依据严明的法律法规，明确民航运输参与者的各方法律责任和职责，加强民航运输的组织与管理，保护各方的合法利益，保障民航运输业健康发展。

思 考 题

1. 国际民航组织的性质和作用分别是什么？
2. 国际航空运输协会的性质和作用分别是什么？
3. 国际机场理事会的性质和作用分别是什么？
4. 中国民航局的基本职责是什么？
5. 简述航空公司的分类。
6. 为什么会出现低成本航空公司？它的基本特征是什么？
7. 简述民用机场的分类。
8. 为什么会出现低成本机场？它具有哪些基本特征？

9. 什么是通用航空？

10. 空中交通管理的基本职责是什么？

11. 试说明航空公司在国民经济建设中的作用。

12. 试说明民用机场在国民经济建设中的作用。

13. 分别说明枢纽机场、支线的主要特点。

第三章 民航运输市场营销

🛫 **学习目标**

- **知识目标**

  了解民航运输市场营销理念的基本演变历程，民航运输市场基本特点和供求关系；掌握民航运输市场基本营销理论和民航旅客运输市场的基本营销方法。

- **能力目标**

  能够掌握民航旅客运输市场调查和分析方法、市场分类方法和营销方案制定方法，具有进行民航客运市场营销的基本能力。

- **素养目标**

  了解新时代民航运输市场特征和供求特点，进一步理解民航运输企业的社会责任，树立民航运输市场的健康发展理念。

民航运输业是一种服务业，通过提供航空运输服务获得回报。这种服务实质上是一个复杂的社会群体活动的社会价值交换过程，具有供求、商品和价格三项基本要素，形成民航运输市场，并具有与其他商品市场基本相似的市场特性。

第一节　民航运输市场

第一章中已经介绍过现代运输业的五大运输体系：铁路运输、公路运输、水路运输、航空运输和管道运输。由于每一种运输方式都有各自的特点，适应于社会的不同需求，因此便形成了各自的市场。那就是，铁路运输市场、公路运输市场、水路运输市场、民航运输市场和管道运输市场。

一、民航运输市场及其分类

民航运输市场可以分成旅客运输市场和货物（包括邮件）运输市场两大部分。由于消费者的消费需求具有差异，便产生了不同类型的市场细分。民航运输企业需要针对不同的市场细分采取相应的市场营销策略，进行产品设计、生产（即运输服务）、定价、促销和销售。民航运输市场通常有以下几种细分方法。

（一）按运载对象分类

根据运载对象特征，民航运输市场可以分为如下两类。

1. 民航旅客运输市场

民航旅客运输市场包括商务客运市场、旅游客运市场和休闲客运市场，前两者是航空公司和机场的主要市场。

2. 民航货物运输市场

民航货物运输市场包括普通概念下的航空货物（air freight）运输市场，以及航空邮件（air mail）运输市场和航空快递（air express）运输市场。

（二）按区域范围分类

根据航空运输服务的区域范围，民航运输市场可以分为如下几类。

（1）民航国内运输市场。它是指运营国内航线的民航运输服务市场，这是目前中国民航运输企业的主要市场。

（2）民航国际运输市场。它是指运营国际航线的民航运输服务市场。

（3）民航地区运输市场。它是指运营地区航线的民航运输服务市场。所谓的地区航线，是指通往具有领土主权但目前行政管辖权比较特殊的区域的航线，如中国大陆（内地）通往中国香港、中国澳门和中国台湾的航线。

（三）按航班性质分类

根据民航运输服务的航班性质，民航运输市场可以分为如下几类。

（1）民航定期航班运输市场。它是指提供相对固定航班起飞时刻和固定航线的航班运输服务市场。

（2）民航不定期航班运输市场。它是指针对不确定航班起飞时刻或航线提供航班运输服务的市场，如包机运输和加班运输等。

（四）按航线结构分类

在我国的"枢纽－支线"结构航线网络中，民航运输市场可以分为如下几类。

（1）干线民航运输市场。通常是指省会级城市或大型机场之间的民航运输市场，如北京－上海、上海－深圳、深圳－厦门。

（2）支线民航运输市场。通常是指省会以下级别城市及其周边地区的民航运输市场，如黄山－青岛、连云港－上海等。

二、民航运输市场中的供求关系

民航运输是一项有组织的社会集体性服务，承运人根据旅客或货主的运送要求，按照机票或货运单上的约定并支付运费，在规定的时限内使用飞机将旅客或货物安全、完好地运达指定的目的地。这种由旅客或货主提出运送需求与航空承运人为满足这种需求而提供服务所构成的等价交换过程，形成了民航运输市场中的供求关系。在这个关系中，存在着消费者、客户、用户和服务供应商四种不同的角色，如图3-1所示，并在这个市场关系中分别担负着不同的作用。

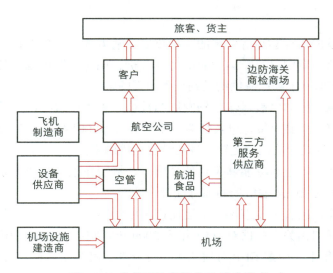

图 3-1　民航运输市场中的供求关系

（一）消费者

在民航运输市场中，消费者（consumer）是航空运输服务的直接受益者，实质上就是航空旅客（passenger）或航空货主（shipper，实际发货人），是产生民航运输市场的基础因素，也是航空公司和机场的直接服务对象。因此，航空公司和机场与消费者的关系直接影响民航运输市场中的供求关系。

（二）客户

与航空公司或机场产生市场行为的人，称为客户（customer），例如，购买机票者，托运货物者。客户对于航空公司和机场比消费者更为重要，因为它们能够直接决定与谁建立航空运输服务供求关系。

（三）用户

顾名思义，用户（user）就是设施设备的租用者或使用者。例如，航空公司使用飞机、机场设备等，则航空公司是飞机制造商或机场公司的用户。航空公司、食品公司、空中交通管理等部门使用机场设备，那么这些单位则是机场公司的用户。机场地面保障服务使用廊桥、特种车辆、各种设备，以及空中交通管理部门和航空公司提供的航务信息等资源，则机场公司就是这些设备与信息提供商的用户。

（四）服务供应商

在民航运输市场中，服务供应商主要是航空公司和机场。航空公司主要提供空中运输服务，是旅客或货主的服务供应商；机场是航空公司完成航空运输飞行的地面保障服务供应商；此外，空中交通管理部门、油料公司、食品公司等都是航空公司的服务供应商。显而易见，航空公司、机场、空管等单位，既是民航运输服务的需求方，同时也是民航运输服务的供给方。

三、民航运输市场影响因素

民航运输业是现代社会经济发展的一种重要运输方式，并随着社会经济的发展而越来越普及。如同第一章中对民航运输业的特征分析，民航运输市场对外部发展环境具有较强的敏感性，市场需求和产品供给受到较多因素的影响。

（1）社会环境。影响民航运输市场发展的社会因素主要包括国家政局、国际政治局势、区域人口规模、民航政策，以及社会安全形势等。2001年的"9·11"事件、2020年暴发的新冠疫情，都是影响民航运输市场的社会环境因素。

（2）地理因素。航空运输能够飞越地理障碍，特别在地面交通不易通达的地区和远距离运输，具有发展民航运输市场的独特优势。

（3）经济环境。民航运输市场属于运输市场中的高端细分市场，与区域经济的发达程度和产业结构密切相关。根据对1991年至2009年期间中国GDP和民航运输总周转量的分析，在这19年中，中国GDP每增长1个百分点，民航旅客运输总增长率增加1.492个百分点。从世界和中国的情况分析，有利于民航运输市场发展的主要产业包括旅游业、高科技产业、科教文化事业、金融业、商贸服务业等行业。

（4）居民可支配收入。居民可支配收入是衡量居民消费能力的一个重要指标，直接影响居民是否选择航空运输方式出行及对舱位等级的选择。

（5）替代品。与民航运输业竞争的替代运输方式主要是铁路和公路。高铁和高等级公路网的出现，给客户出行方式提供了较多的选择。

（6）产品。航空公司和机场提供的产品也是影响民航运输市场发展的因素之一，如通达航线、航班时刻、机型、航班正点率、机场服务、中转便利性、延伸服务等。

（7）价格。航空旅客票价、航空货运价及相关的延伸服务费用，在某些程度上对客户选择航空运输确实存在一定的影响。

此外，区域性民航运输市场中的季节因素也是不可忽略的一个影响因素。

第二节　民航运输市场营销

市场营销是企业根据市场需求设计和生产产品并将产品投入市场进行货币交换的过程。市场营销的任务，就是从市场需求分析开始到产品进入消费全过程的计划、组织和实施。

一、民航运输市场营销组合

民航运输市场属于商品市场的一种，它所营销的产品是以航空运输为主体的服务过程，是一种无形产品，具有与有形产品相似的市场特性。因此，市场营销的基本理论适用于民航运输市场。

市场营销的理论基础是市场营销组合。它是一种营销思想和方法，认为企业在市场营销活动中，不仅要针对目标市场需求特点充分考虑企业的内部和外部环境来设计、生产和销售产品，而且要制订适应这些环境的市场营销策略和营销战略，并通过有效的组织来实施这些策略和战略，在满足目标市场需求的基础上实现企业的市场销售收入最大化，实现企业发展目标。

根据市场营销组合思想，市场营销专家把营销活动中的关键因素（即组合）归纳为4P，即产品（product）、价格（price）、销售渠道（place）和促销（promotion），后来在原4P的基础上增加了两个P，即政治（politics）和公共关系（public relationship）。

（一）产品

任何一种能够满足社会需求的有形体物品或无形体的服务过程，都可以称之为产品。产品是企业的生存基础，是企业投资以获取利润的手段。市场营销的目的则是通过一系列有组织、有计划的措施和行动发挥产品的市场价值，以获得最大的利润。对于消费者而言，产品必须能够满足自己的需求，无论是产品本身的功用、性能还是对价值的认同。

1. 产品的两类市场作用

（1）服务现有市场。大部分产品用于满足已经存在的市场消费需求，服务于现有市场。例如，传统的客舱服务、机场候机服务。

（2）开拓新市场。新型产品能够引导新的市场消费需求、开拓新市场，是企业在市场竞争中实施市场营销策略和战略的创新举措。例如，个性化订舱服务和机场个性化服务等。

产品的核心是它的特定功用和社会价值，需要通过市场调研、产品计划、产品设计、产品生产、产品销售等环节才能实现产品的市场价值。产品特性、质量、品牌、商标、包装、服务等因素，都对产品的市场价值产生直接影响。

现代民航运输，是一种"以客户满意为核心"的全程服务行为，这种具有社会效用和市场价值的服务，就是民航运输业的产品。换言之，民航运输业的产品是一种服务过程，实现了社会经济活动中个体或者群体的空间位移需求，具有可以感知的客观事实行为过程和效果。

2. 民航运输业产品的特性

（1）即时性。民航运输产品是以飞机的座位（或舱位）为载体的一种服务过程，产品（即为每一位乘客或每一位货主的货物提供服务）的市场价值体现在约定的指定架次的航班有效服务时限内，每当本架次航班的值机程序关闭后，航班飞机开始起飞，那么本架次航班的剩余产品（载运能力及服务）的市场价值在本次产品的市场销售中将随之消失（类似于电影票的价值随着电影的开映而消失），这就是民航运输产品的即时性。这一特点也充分说明了加强民航运输产品销售和保障航班正点的重要性。

（2）消耗性。如上所述，民航运输产品是一个服务过程，所销售的产品效用只在本架次航班时限内存在。产品在旅客付款购票或货主交货付款时交付并开始被消耗，产品将随着航班飞机的起飞并安全抵达目的地旅客离开机场或货物完好交付后消费殆尽，这也意味着民航运输企业的本次产品交付完毕。显而易见，民航运输产品不像其他有形产品那样，消费者支付货款购买后产品可以反复使用。这也是民航运输产品的不可储存特性，也称之为产品的生产过程依赖性。民航运输产品的这种一次性特征充分表明产品质量至关重要，无法做到像有形产品那样具有质量"三包"保障，民航运输产品的质量缺陷无法修复，只能通过其他方式进行弥补。因此，民航运输产品的这种特性进一步强调了加强民航客货运输服务过程质量保证的重要性。

（3）质量弹性。有形产品的质量具有量化标准，通过多种具体指标说明产品的质量，如功能和性能指标等参数。有形产品在生产过程中，可以通过对材料、工具、设备、技术和工艺等环节的严格控制和管理，按照统一规范进行生产和质量控制，完全能够保障产品质量的稳定性和一致性。但是，民航运输产品的服务提供者和服务接收者都是具有个性的行为人，每一个人的社会背景、文化水平、个人修养、个人性格等个性因素不同，因此，一方面，提供的服务质量在机场之间、航班之间，甚至同一航班的不同人员之间都有可能存在差异；另一方面，不同的消费者对民航运输服务质量的认知也可能存在差异，难以通过量化标准控制服务过程质量或对每项工作质量进行衡量。此外，影响民航运输产品质量的不可控因素也多，如天气原因、空域调配及流量原因等，工作人员的精神状态和心理情绪等因素，都直接影响民航运输服务质量。尽管民航局对民航运输服务过程中每一个环节的质量都制定了明确的标准，但是服务提供者和服务接收者对质量的把控和评判往往受到多方面因素的影响。因此，这种因人而异的个性化因素产生对质量评判标准的差异，称为质量评价标准的弹性。这也说明了民航运输服务质量管理的复杂性和运用质量评价标准的难度。

（二）价格

价格是商品与货币交换的比例指数，是商品市场价值的货币表现，也是商品供应者与消费者进行价值交换的货币成本，反映了商品当时的市场价值。影响商品价格的因素很多，包括产品的生产成本、利润、税费、商品的市场定位、市场消费水平、同类商品的竞争、可替代商品的竞争影响、企业的市场策略和战略、国家对市场的调控政策等。因此，商品定价过程是一个非常复杂的过程。

根据市场营销学的观点，价格一方面反映了产品的成本和利润的总体水平，是决定企业能否盈利的重要因素之一；另一方面，价格也是企业在市场竞争中的传统手段。航空公司运用价格竞争是最频繁最常见的手段之一，各种各样的打折票，其价格多样性是所有运输方式中种类最多的。市场实践证明，产品的价格必须与产品的社会价值或市场价值一致。"物有所值""价廉物美""物超所值""物非所值"等说法都反映了产品价格与产品价值之间的密切关系。

（三）促销

产品的促销在市场营销中有两大基本作用。

（1）成熟产品在现有市场中通过促销，以巩固该产品在现有市场中的地位，并扩大产品的市场影响力，以吸引更多的消费者。

（2）新产品通过促销，能够引导市场消费，开拓新市场，或培育新兴市场。特别是市场的新进入者，如新建的航空公司，更需要通过促销行为提高企业和产品的市场知晓度。

另外，通过促销，使得消费者在购买前能够对产品价值有所认同。

民航运输市场的产品促销，通常是航空公司或销售代理人通过广告或网络方式推销。在互联网发达的今天，民航运输企业的网站及 App（手机小程序）成为最有效的促销渠道，它不仅宣传整个企业，更重要的是通过网站即时发布新产品、新价格等新信息，成为航空公司或机场与消费者之间直接沟通的重要手段。

当客户或消费者谈论使用某产品的满意经历时，实际上是在向周围人群对该产品进行隐形促销。这种隐形促销的作用取决于消费者对产品质量是满意还是不满意。"好事不出门，坏事传千里"，充分反映了产品质量在市场中的影响力。

（四）销售渠道

产品的销售渠道通常是指产品投放的目标市场，对于民航运输市场更重要的是指销售途径，就是说产品在什么地方销售，通过什么方式销售。民航运输产品的销售渠道通常有以下几种。

（1）直销网点。一般的大中型航空公司在大中型城市或机场都设立自己的办事处或营业部，一方面，作为本公司的市场销售窗口，直接销售本公司的产品；另一方面，也作为本公司在该地区的市场前哨阵地，担负着了解和掌握市场动态及开拓本地区市场等重要任务。

（2）销售代理人。为了降低销售成本，航空公司在一些市场规模较小的城市，通过委托销售代理人代销本公司的产品。民航客货运输销售代理人，是民航局授权从事民航旅客运输或货物运输产品销售的营利性企业，如旅行社、宾馆、专业销售代理机构或机场等，航空公司本身也可以是其他航空公司的销售代理人。这里需要说明的是，一些机场公司本身也销售民航旅客机票或承接民航货运销售业务，或提供异地值机等服务，机场的这些业务都属于航空公司的销售代理服务范畴。

（3）基于互联网的电子商务。航空公司、机场或者销售代理人通过互联网进行销售和支付，是降低销售成本的有效方法，不仅能够减少销售场所费用和销售人员费用，而且能够直接回笼销售收入。另外，随着有线或无线（手机）网络的延伸，销售网络和市场范围随之不断扩大，延伸到世界的每一个角落，成为航空公司最直接的销售手段。

（五）政治

政治或政策在民航运输市场竞争中的作用越来越明显。事实上，政治对民航运输市场的影响，从 1919 年 10 月通过的《巴黎国际航空公约》中关于"国家领空主权原则"的提出就已经出现。1947 年生效的《国际民航公约》中关于航权的规定，成为各国政府保护本国民航运输市场的法律依据。

随着我国改革开放的不断深入，中国民航运输业得到了空前的发展，民航体制改革、民航运输价格管理政策改革、民营航空公司的准入政策的出台等，活跃了中国民航运输市场。这些都充分反映了国家政治和政策对民航运输业和民航市场的影响。近年来，中国政府对民航票价管理的进一步放松，增加了市场决定运价的影响，进一步激发了航空公司的市场活力。民航运输市场的准入和准出、国际航空运输业务都是政治或政策对民航运输市场和民航运输业发展的影响结果。

（六）公共关系

在市场营销中，公共关系发挥着不可估量的作用，这包括航空公司与销售代理机构与客户或消费者的关系，也包括航空公司与机场的关系，通过关系协调、建立沟通渠道，以开拓市场和建立长久关系。随着经济的发展和大众生活水平的提高，旅游业发展越来越兴旺，旅游团体是民航旅客运输市场中的重要组成部分。团体旅客的重要特点是：整个行程由旅行社决定，包括航空公司和机场的选择。这就意味着旅行社是航空公司和机场的重要客户，显示出航空公司和机场与旅行社之间关系的重要性。

二、民航运输市场营销理念的演变

随着民航运输市场竞争的加剧，民航运输市场营销观念也在不断演变。

在民航运输业的发展初期，民航运输市场规模小，民航运输企业关注的重点是安全运送和提高运送能力，属于有形产品"发展生产"的初级阶段，强调的是"运送"。第二次世界大战刺激了航空工业的迅速发展，航空运力显著增加。为了扩大市场，航空公司逐步意识到必须像有形产品那样加强市场销售。因此，开始出现机票的市场推销和以服务为基础的差异化产品。随着旅客订座系统（计算机预订系统，Computer reservation system，CRS）的运用，航空公司的市场重点逐步变为产品"销售"，以扩大市场范围和市场规模。20 世纪 50 年代后期，喷气式客机开始大规模投入市场，航空运力迅速增加，特别是 20 世纪 70 年代后期美国政府《航空公司放松管制法》的出台，世界民航运输市场竞争加剧，航空公司开始以满足旅客需求为目标开拓市场，形成"旅客需求驱动"和

"以旅客满意度为核心"的服务营销理念。

在民航运输市场营销观念从"运送"到"销售"到"服务"的演变历程中，航空公司直接面对市场竞争，是营销观念演变的先行者。机场作为民航运输产品的"生产合作方"，随着民航运输业的发展和市场竞争，其经营理念和营销思想也随之改变。获益的民航旅客从这种竞争和演变中得到了更好、更多的服务。这就是"竞争促进发展"的真谛。

三、民航客运市场营销

民航运输市场营销分为客运市场营销和货运市场营销。以下将分别介绍民航客运市场和货运市场的市场细分和产品设计。

（一）航空公司的市场定位

市场定位是航空公司发展战略的重要组成部分，关系到航空公司的机队结构、产品规划、航线网络布局、市场营销策略等一系列问题。航空公司的市场定位，其目的在于确定公司阶段发展战略目标中目标市场的主要范围、服务对象和市场规模，实际上就是航空公司的发展定位。航空公司在制定发展战略的过程中，需要根据其自身的发展基础、发展环境及公司长期发展战略，确定其市场的阶段性发展目标，并随着公司内部和外部环境及阶段发展战略实施情况进行动态调整。

（二）市场细分

市场细分就是根据市场调研详细分析消费者需求，并进行按类分析和统计，以了解和掌握市场需要，为企业确定生产"产销对路"的产品提供依据。表3-1为航空公司的市场定位。

表3-1　航空公司的市场定位

航空公司定位	企业特征与市场定位	市场特点
国际航空公司	1. 规模较大的国家骨干航空公司 2. 经营国内干线和国际航线为主 3. 基地通常设在国际枢纽机场。如 CA、CZ、MU、AA、BA、NW 等	1. 国际国内旅客与货物运输 2. 国内市场分布于国内经济发达地区 3. 国际市场分布于国家首都和国际商务热点城市或者地区 4. 以中远程航线及商务客为主 5. 国际航空公司联盟成员，拥有国际航线网络和国际市场销售网络
干线航空公司	1. 中等规模的区域性航空公司 2. 经营国内干线和热点航线为主 3. 基地通常设在国际枢纽机场，如 CN、HU、FM、MF 等	1. 国内旅客与货物运输 2. 国内市场主要分布于干线及热点支线 3. 国际市场以中短程航线为主 4. 拥有国内航线网络与国内市场销售网络

续表

航空公司定位	企业特征与市场定位	市场特点
支线航空公司	1. 通常为小型航空公司 2. 以经营支线为主 3. 基地通常在地市级城市机场，如 8L、BK 等	1. 经营航空旅客运输为主，兼营货运业务 2. 市场通常分布在旅游航线或热点支线 3. 通常与枢纽航线网络衔接 4. 市场规模小，通常借助其他航空公司的销售网络
低成本（或廉价）航空公司	1. 通常为小型航空公司 2. 以经营支线为主 3. 以票价相对较低为主要特征，如 9L、KY、WN 等	1. 国内支线、低端旅客为主 2. 以薄利多销为主要竞争策略
货运航空公司	1. 经营全货运航空业务 2. 基地通常设在进出口贸易或经济发达的大中型城市机场，如 CK、Y8、GS 等	主营国际/国内航空货邮运输、航空快件运输业务

民航旅客运输市场的细分方法主要有以下几种。

1. 按出行目的细分

乘坐飞机旅行的目的主要有如下几类（参见图 3-2）。

（1）商务旅行。主要包括因商出差的旅客，无论他们乘坐什么类型的舱位，通常都是指可以报销差旅费的旅客。

商务旅行的旅客中，也有以团体方式出行的，如文体团体、会议代表团、民间团体等。商务性质的团体旅行具有一定的规模，其效益比单个散客明显，一直是航空公司非常重视的市场。

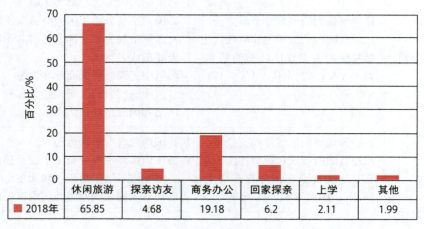

	休闲旅游	探亲访友	商务办公	回家探亲	上学	其他
■ 2018年	65.85	4.68	19.18	6.2	2.11	1.99

图 3-2　按出行目的细分市场比例

数据来源：《京津冀区域多机场环境下航空旅客出行特征调查》

商务类旅客是中国民航旅客市场的重要客源，通常比较关注航空公司品牌、航线和航班时刻。

（2）休闲旅行。主要指旅游和休假的旅客，通常是由旅行社组织以团体方式出行，因此，航空公司与旅行社的合作关系特别重要。休闲类旅客比较关注航空公司的航线和机票价格。随着人民生活水平的提高和国家旅游事业的发展，中国休闲旅游市场在民航旅客运输市场的比例逐年增长，休闲旅行类旅客市场具有明显的季节性特征，中国大部分地区的旅游旺季主要集中每年的 4 月至 10 月。

（3）私事旅行。这类旅客主要因探亲访友等私事出行，他们比较关注航线和机票价格。私事旅行旅客市场具有较强的季节性特点，通常在节假日，如春节、"五一"和"十一"等，形成出行高峰。

2. 按旅客职业划分

根据对 2018 年京津冀地区民航旅客职业分布的调查数据分析，中国民航旅客分布与职业有关，如图 3-3 所示，其中企事业单位人员占多数，反映了民航运输对经济发展的重要性。

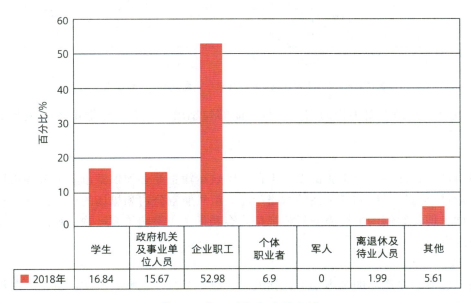

	学生	政府机关及事业单位人员	企业职工	个体职业者	军人	离退休及待业人员	其他
2018年	16.84	15.67	52.98	6.9	0	1.99	5.61

图 3-3　按职业细分市场比例

数据来源：《京津冀区域多机场环境下航空旅客出行特征调查》问卷

3. 按地理分布区域划分

民航运输旅客市场分布与城市的地理分布密切相关。城市的地理影响因素主要体现在城市所在地区人口规模、经济繁荣程度、自然资源禀赋、产业结构、地面交通系统发达程度、城市地位等方面，直接影响航线和航班性质。在中国省会城市与首都北京之间，由于城市的政治地位和经济地位，这些干线主要以商务和观光客市场为主。东部沿海地区经济发达，也是中国民航运输市场的主要市场，全国民用机场旅客吞吐量排名前 10 名的基本上都分布在东部地区，参见图 1-15。

4. 按旅客年龄段划分

根据相关资料分析，如图 3-4 所示，民航旅客年龄主要分布在 18 ～ 39 岁。不难想象，这个年龄段的消费群体正处于事业有成、精力旺盛的人生黄金时段，出行频率相对较高。18 ～ 29 岁这个年龄段主要是学生，其特点是节假日旅客出行量较高。

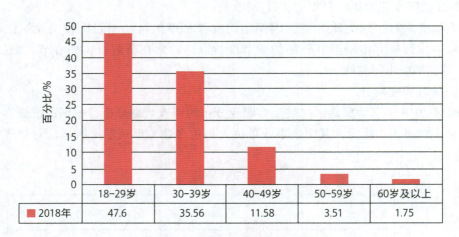

	18-29岁	30-39岁	40-49岁	50-59岁	60岁及以上
■ 2018年	47.6	35.56	11.58	3.51	1.75

图 3-4　按年龄段细分市场比例

数据来源：《京津冀区域多机场环境下航空旅客出行特征调查》

通过以上几种主要类型的细分，基本能够勾勒出民航旅客运输市场的主要结构和特征。

（三）产品设计

没有产品，任何一个企业都无法生存。民航运输企业必须根据市场细分和市场需求特征，设计具有针对性和竞争性的对路产品。虽然航空公司和机场的产品内涵和重点不完全相同，但是它们的最终服务对象都是旅客和货主。民航旅客运输市场的产品通常包含以下内容。

1. 基本服务

民航旅客运输产品的基本要素包括航线、航班时刻、机型、班次、舱位、票价与机上服务等。

民航旅客需求很多，图 3-5 中列出了影响民航旅客购票选择的主要因素。不难看出，旅客首先注重航空公司品牌、安全记录和航班时刻，前两者是航空公司通过长期努力在市场中建立的企业信誉与形象，而航班时刻则是航空公司在航线市场中的竞争要点。

在上述 10 个影响因素中，票价因素对购票选择影响在逐年提升，已成为旅客特别是休闲客选择航空公司的重要关注点之一，这也是廉价航空公司赖以生存的市场空间。另外，企业、政府机关和科研院所出于降低出差费用的考虑，对价格也比以往任何时候都更为敏感。虽然在图3-5中没有反映航线因素，但实际上航线是航空公司产品的重要内涵之一。航线分布反映了航空公司的市场规模和综合能力。

通常而言，航班时刻、价格、航线、机型最能直接体现航空公司的产品竞争性。

2. 机上服务

机上服务是在民航旅客运输过程中的重要内容之一，主要包括餐饮、环境、服务态度、空乘仪表、读物、娱乐、广播等。这些因素对长途旅客尤为重要。

3. 延伸服务

除了以上服务内容之外，延伸服务是现代航空公司与机场差异化产品设计的重要内涵，也是航空公司产品竞争性的体现。民航旅客运输市场产品的延伸服务内容主要体现在旅客购票与支付便利性、进出机场便利性、机场候机环境和候机服务、登机便利性、航班信息、常旅客计划、航班延误处理、免费行李政策、行李完好率、机场和空中购物、个性化服务等方面。

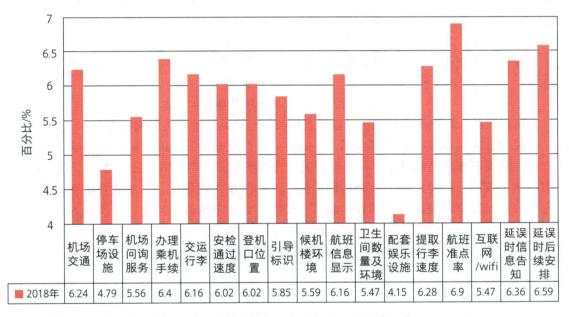

图 3-5　影响民航旅客选择出行机场的因素分析

数据来源：《京津冀区域多机场环境下航空旅客出行特征调查》

近年来，大部分航空公司推出网上购票、（手机）网上支付与选座、市内值机交运行李与免费送机场服务，延误航班旅客手机信息通知服务，常旅客免费市区接送机场服务，航班延误保险服务，机上代订旅馆、旅行社和租车服务等，各显奇招，通过提供更多方便旅客的延伸服务，体现产品的个性化和竞争性。

（四）产品分销

民航旅客运输市场产品主要有三种销售渠道，具体介绍如下。

1. 直接销售方式

航空公司通常在本地和外地设立若干营业部门，负责该地区的市场开拓和市场销售。直接销售的优越性主要体现在能够直接、有效地掌握市场动态，直接把控市场销售和客源，资金回笼也快。但是，由于直接销售需要专门的销售机构、销售场所和销售人员，在市场规模不大时，销售成本相对较高。

2. 间接销售方式

随着市场的发展，航空公司经营规模不断扩大，直接销售方式已经不能满足市场发展的需要，必须借助第三方的销售力量进行市场开拓和产品销售，即代理人销售。

3. 网上销售

随着互联网和电子商务技术的广泛应用，航空公司通过网上销售和网上电子银行直接支付方式，极大地方便了客户，越来越受市场的欢迎，同时也是销售代理人扩大销售市场规模的一种重要手段。因此，现在只要有手机，便可以随时随地通过互联网直接向航空公司或其他订票网络购买机票。目前，网上销售已成为航空公司的主要销售方式。

（五）产品定价

任何一个企业，最终都需要通过产品的市场销售获得收入和利润，回馈投资。

$$利润 = 收入 - 成本$$
$$= （产品价格 \times 产品销售数量）- 成本 \qquad （3-1）$$

所以，收入与产品价格和销售数量直接相关，产品定价直接影响销售收入。

民航旅客运输市场的产品定价（pricing）需要考虑多方面因素的综合影响。在技术方面，需要考虑产品的成本、税费和利润；在市场方面，需要结合公司品牌、市场定位、市场销售策略、同类产品或地面运输替代性产品的市场竞争性、市场消费水平；在国家方面，需要结合国家或行业的管理政策、经济形势和市场调控需求；在国际方面，需要考虑国际航空市场竞争影响、国际经济、汇率、油价等影响。此外，还涉及定价方法和定价权问题。民航旅客运输市场产品的常用定价方法有如下 3 种。

1. 单一定价法

单一定价法就是一种产品只有一种价格。在中国民航进行价格改革之前，民航旅客基本运价就只有一种，然后根据比例，形成经济舱价格、公务舱价格和头等舱价格 3 种票价，也就是一种舱位只有一种价格，这就是单一定价法。

2. 多等级差异定价法

多等级差异定价法，就是同一种产品采用多种不同的价格销售。例如，航空公司通过多种不同的折扣票价，在不同时段销售，最终形成不同的销售价格。通过这种"随行就市"的灵活定价方式，可以提高销售收入和航班客座率，提高市场竞争能力。表 3-2 就是一个典型的航空公司多等级差异定价案例，将通常的经济舱按照其座位位置分为不同的舱位，并在基准价的基础上通过不同的折扣形成多等级的差异化价格。

表 3-2　多等级舱位定价示例

舱位	公务舱		经济舱														
代码	C	A	Y	H	K	L	M	T	E	V	U	Q	G	B	R	I	J
折扣率	130%	免票	100%基准价	92%	88%	84%	80%	76%	72%	68%	64%	60%	56%	52%	48%	44%	常旅客免票

3. 嵌套定价法

为了避免高端价格的客户流向低端价格，在多等级价格的基础上，优先开放高价格并尽可能多地销售，一直销售到该价位的市场有滞缓趋势时才开放低一级价格，这就是嵌套定价法，如图 3-6 所示。因此，对于同一种产品，嵌套定价法的销售收入将会比多等级差异定价法要多，能够使得销售收入最大化。但是，嵌套定价法在实际销售中掌控价格开放时机比较复杂，何时开放低一级价格销售是一个关键，必须实时掌握市场销售动态。否则，可能会因为不能及时掌握市场动态而一直保持在高价位销售，会因价格缺乏市场竞争力而错失销售时机导致收入反而下降。

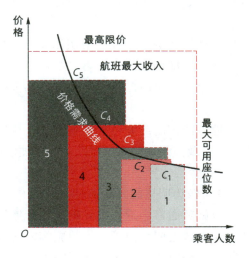

图 3-6　嵌套定价时的收入

综上所述，制定民航旅客运价，必须根据民航运输企业的产品市场定位、市场需求、市场细分、市场竞争及市场销售动态等多种因素来确定。

四、民航货运市场营销

1918 年 5 月，美国第一条邮件运输航线开通，掀开了民航货运（air cargo）的历史篇章。在经历了一个多世纪发展的今天，航空货运已经成为全球经济增长的重要支柱、航空公司和机场收入的重要来源。

民航货运市场范围十分广泛，包含了除人以外的所有符合国家法律法规的物品运输。

（一）产品特征

航空货物（air freight）通常有以下基本特点。

1. 附加值高

由于航空货运成本高，运费通常是地面运输的几倍，因此，通常只有附加值高的货物才会选择航空运输。货物的附加值高，主要体现在它的市场价值或社会价值。附加值高的货物通常体积小、价值高，一般是高科技产品或贵重物品等。

2. 时效性强

航空运输的最大优势是运输速度快和无地理障碍。因此，对时效性要求高的远距离货物运输，航空运输具有无与伦比的优势。这种时效性，有些货物体现在市场价值，如鲜花、时令产品；而有时则体现在社会价值，如救灾、急救等紧急情况下的货物调运。

3. 安全要求高

航空运输不仅途中运输时间短，相对于地面运输而言，没有颠簸，没有地面运输途中比较突出的安全护卫问题，因此，对于安全性或保密性要求高、防震防颠、易碎易损、贵重物品、精密设备仪器等货物，通常采用航空运输。

（二）市场特征

与航空旅客运输市场不同，民航货运市场通常具有以下特征。

1. 产业关联性

民航旅客运输市场虽然与地区经济发达程度密切相关，但是与自然资源的关联度要比航空货运显得更为明显。例如，即使在第一、第二产业经济欠发达的地区，因有丰富的旅游资源，也能开辟出一片繁荣的民航旅客运输市场，如云南、海南和四川九寨沟等地区就是这类的典型。

民航货运业则不同，与地方经济的产业结构密切相关，特别是与基于第一产业、第二产业的高新产业、进出口贸易及高附加值农副产品等高附加值产业相关。

2. 方向不对称性

在民航货运市场中，存在着较为明显的方向不对称性。

旅客到达目的地后大多数旅客通常会返回出发地，尽管他们中的部分旅客可能会选择不同的回程路线或交通运输方式返回，但是大多数旅客来回程航线和选择的航空公司基本相同。货运市场则不同，几乎所有的货物到达目的地后不再会返回出发地，即使是在来料加工业发达的地区，来料加工成为产品或半成品后也不会返回出发地，而是运往第三地点，这反映了民航货运市场的不对称性。

3. 市场多样性

民航旅客运输的对象只能是人，反映在市场的价格上没有性别和形态差异。而民航货物运输的对象则是多种多样，有活体动物和新鲜植物；有化工类、金属类、纺织品类；有固态的、液态的，甚至气态的，只要是国家法律法规允许的合法物品，都可以采用航空运输。这也意味着民航货物运输市场十分广泛。货物的这些差异给民航运输市场带来较明显的价格差异性和运输服务过程的差异性。

（三）市场细分

如前所述，选择航空运输的货物，通常都是附加值高、要求途中运输时间短或者安全要求高的，但是按照货物本身的性质和特征分类，民航货运市场还可以细分为以下几大类。

（1）普通货物运输市场。这一类物品在航空运输过程中，不需要特别处理，按正常性航空运输方式和流程管理与运送。

（2）危险品运输市场。这一类物品具有腐蚀性、辐射性或其他破坏性（如易爆或易燃），需要采取特殊的运输管理流程与防护措施。

（3）常规鲜活易腐类货物运输市场。这一类货物如活体动物、海鲜、鲜花、水果之类，容易死亡、腐烂或者变质，对运输时间、保温、保鲜有特别要求，不同于普通货物的航空运送。

（4）急快件货物运输市场。这一类货物的时效性要求比较高，如文件、证书、信函、票证、急用物品、产品配件、救援物资及紧急调运物品等，要求快速运达和专门投递。

（5）精密贵重货物运输市场。这一类物品主要是精密仪器设备、药物、贵重物品等，精密、价值特别高，运输过程中需要采取特别的安全防护措施。

（6）其他特殊运输市场，如特种物品的运送等，此类市场相对较小。

随着全球经济和信息技术的发展，面对越来越激烈的市场竞争，越来越多的企业在全球范围内寻求更廉价的资源，以提升产品的市场竞争力。电子商务的发展，让越来越多的人在全球范围内选购商品。这种经济全球化和市场全球化的发展趋势，为航空货物运输业不断提供规模越来越大的市场空间。

（四）产品设计

民航货邮运输市场的产品，是为货主或托运人的货邮运输需求提供航空运输及其相关的配套服务，主要有以下三类。

1. 基本服务

航空货运产品的基本服务的关键要素包括航线、班次、时刻、舱位、价格等。民航货邮运输提供如下基本服务。

（1）定期航班运输。又称班机运输（scheduled flight service），它按照获准颁布的航班计划表，在指定的航线上有规律地提供货运航班服务，通常有定期旅客航班客货混运，利用旅客航班飞机的多余运载能力捎运货物；在市场充足的航线上采用定期全货机航班运输。定期航班运输的特点是：航线、班期和航班时刻有规律可循，市场比较稳定，颇受客户欢迎。

（2）包机运输。在有的情况下，客户需要空运的货物较多，需要租用整架货机的所有舱位装载货物，即包机（charter）运输。包机通常没有固定的班期，所载货物可能是来自一家航空公司收运的，也可能是多家航空公司或货运代理人收运的，共同租用一架飞机完成一批货物的运输。包机运输的好处在于，由于没有固定的航班时刻，起飞时间机动性强；通过包机运输，可以弥补由于市场不足而无法开通定期货运航班航线上的货运需求；对于已经开通定期货运航班的航线，包机可以弥补货运繁忙季节航线货运运力的不足。

也有一些客户，它们的货运量相对稳定，但不足以租用整架飞机的所有舱位，希望通过协议，在指定航线上的货运班机上包租固定空间大小的舱位（blocked space），或租用一定数量的货物集装板或集装箱，以保障它们的货物在指定航班上拥有预留空间，能够按时发运。对于这种包租舱位空间的运输方式，无论托运人是否交运货物，都必须支付协议上规定的运费。包舱、包板或包箱通常应用在定期客货货运的航班上，也有的应用在货运包机上。

（3）航空快递（air express）。它是指对交运物品采用航空运输，并提供专门派送服务。航空快递通常用于小件物品的运输。随着航空货运和物流的发展，包括 FedEx、UPS、DHL、TNT 等在内的国际著名快递公司，同时经营航空货运。

（4）集中托运（consolidation）。由于航空运价随着货物计费重量的增加而逐级递减，因此，航空货运销售代理人或集运商组织的货物批量越大，就能够从航空公司得到更优惠的运价，就能获得更多的经营利润。基于这样的利益驱动，航空货运销售代理人或集运商便将运往同一目的地的货物集中后一起托运，形成较大的托运批量。这种集中托运方式深受航空公司的欢迎，它可以减少收货和交货过程的许多烦琐工作。但是，由于集中托运方式中货运代理人收货的时间较直接托运要长，因此，所能承运的货物范围受到限制，诸如贵重物品、活动物、尸体、骨灰、外交信袋、危险物品、鲜活易腐物品、紧急货物或其他对时间要求高的货物，不适宜集中托运。

2. 地面服务

航空货运的地面服务主要是货物订舱与仓储，货物安检、收验与交验等服务。随着电子商务的发展，网上货物订舱与仓储服务越来越受销售代理或货物托运人的欢迎。

3. 延伸服务

为了货物托运人或货主的方便，航空公司或机场提供货物包装、清关、地面派送等延伸服务。物流业是传统货运市场的典型延伸与扩展，它将货物运输与派送、货物信息、运送流程信息融为一体，能够及时地为货主或托运人提供货物运输过程的实时信息。现代物流的"门到门"服务，完全改变了传统的"机场到机场"航空货运模式，方便了客户，为航空公司、机场或第三方服务企业开辟了更大的市场和收入来源。

（五）销售

民航货运市场销售的主要任务，就是按照市场销售计划，积极开拓货运市场，组织货源，收集货物，为货运航班准备充分的载荷。

民航货运市场销售主要有以下几种方式。

1. 直接销售

民航运输企业通过自己的销售部门或收货站，直接进行航空货运业务的销售。与民航旅客运输一样，进行直接销售的营业点一般分布在运量较大的城市，可以直接组织货源，掌握市场行情，减少中间环节，提高销售利润。

2. 代理人销售

民航运输企业进行直接销售可以减少代理费用，但是，当直接销售业务量不足时，将会增加销售成本。因此，航空公司的相当一部分货运吨位通过代理人销售。销售代理人根据与航空公司之间的协议，代替航空公司销售空余吨位，按照协议提取代理费用。采用这种方式，航空公司可以拥有若干个代理人。另外，航空公司可以采取灵活的代理政策，鼓励销售代理人积极开拓市场，扩大销售业务。当然，销售代理人可以同时代理多家航空公司的货运销售业务，以提高自己的收益。民航货运市场的竞争导致销售代理人之间的竞争，销售代理人为了多销售，以便能够从航空公司得到特定的优惠政策和取得预订舱位，货运代理人之间常常发生货源或运价方面的竞争。另外，航空公司之间为了从代理人手中取得大量业务，在代理费和运价政策等方面彼此竞争。因此，协调航空公司与销售代理人之间的关系，越来越显得格外重要。

3. 网络销售

随着互联网的广泛应用，民航货运市场网上销售随之出现。一种是航空公司网上销售，另一种是销售代理人网上销售。客户根据网上销售的货运航班要求及运价等条件，通过网络办理相应的货运单填报手续，然后将货物送至指定的货运站点并办理相应的保险和缴费业务。

第三节　民航运输市场销售代理人

事实上，市场营销是企业对市场的综合策划过程，最终需要进行产品销售。如前所述，民航运输市场的销售，一部分是民航运输企业自己直接销售，另一部分是通过销售代理人进行销售。

一、民航旅客运输市场销售

民航旅客运输市场销售是一个复杂的过程，需要将旅客对航班的各种选择与航班的座位进行联系，因此，全球的航空公司都采用专门的工具进行销售，即计算机订座系统。

计算机订座系统是一个大型计算机系统，专门用于销售航空公司所有航班的座位，中国从 1981 年起开始使用。

中国的计算机订座系统中心设在北京，通过有线和无线等通信网络辐射全国，并与国际上的几大计算机订座系统联网，形成全球性的民航旅客运输市场销售网络。

二、民航销售代理人

民航销售代理人（简称销售代理人）是指从事空运销售代理业务的企业。它们接受航空客货运输企业的委托，根据与航空公司的代理合同，在授权范围内进行航空运输服务销售（即销售客票或货运舱位），并根据合同约定按销售业绩获取一定比例的报酬（即佣金，commission fee）。尽管电子商务在民航市场销售中应用得越来越广泛，但是销售代理人目前仍然是中国民航运输市场的重要销售渠道。销售代理人是连接航空公司和客户的中介人，它们熟悉本地市场，有自己的销售网络。因此，它们是航空客货运输企业市场销售的重要依靠力量。特别是多样化旅游产品的出现，民航旅客运输产品也随之层出不穷，活跃了民航销售代理人市场，拓展了民航旅客运输市场。目前，中国的航空代理人业务主要是货运市场。

中国航空运输协会负责对中国的民航销售代理人市场进行日常管理，包括对代理人资格的审查和认证。关于具体的销售代理业务内容，需要销售代理人与航空公司具体商定，并签订相应的代理合同文件。

本 章 小 结

本章重点介绍了民航运输市场的基本分类方法、市场供求关系的基本结构及特点、航空公司市场营销、民航运输销售代理人及其作用。

思 考 题

1. 试说明民航运输市场的基本概念。
2. 试说明民航运输市场营销理念的演变背景及其市场作用。
3. 航空公司为什么要进行市场营销？
4. 影响民航旅客运输市场产品的因素有哪些？
5. 高铁对民航发展有哪些影响？
6. 民航运输销售代理人有何作用？它们对航空公司有何利弊关系或影响？

第四章　民航运输生产与组织

🛩 学习目标

- ### 知识目标

  掌握民航运输产涉及的相关基本概念和旅客运输的基本生产过程，重点掌握民航运输生产计划制订方法、运输组织与实施流程，地面服务保障流程等知识，以及民航运输生产过程所涉及的相关法规、规范和标准。

- ### 能力目标

  具备以"安全为基础""旅客满意为目标"，参与民航旅客运输组织、生产计划制定和地面保障服务的基本能力。

- ### 素养目标

  使学生进一步理解有力的组织协调和科学管理在民航运输生产过程中的重要作用，培养学生高度的社会责任感和团队协作精神，深刻领会民航运输生产的社会服务性和集体生产性，进一步树立为旅客服务的民航运输服务理念。

民航运输生产是一个有组织、有计划、有规范和有标准的跨地域集体性服务过程。随着民航运输规模的不断扩大，其生产过程的计划、组织、实施与管理也越来越严密、越来越复杂。

第一节 基本概念

为了便于理解和掌握民航运输生产组织的有关知识，首先介绍几个基本概念。

一、领空

领空是一个国家的政府能够合法行使主权的空气空间。根据《中华人民共和国民用航空法》，"中华人民共和国的领陆和领水之上的空域为中华人民共和国领空。中华人民共和国对领空享有完全的、排他的主权"。根据《国际民航公约》，"每一国家对其领土之上的空域具有完全的和排他的主权"。

那么，领空的疆界如何确定呢？根据国际公认法则，领空是从地心沿领陆和领水疆界向大气层做射线所包围的锥体球面空气空间。关于大气层之上的外层空间的国家主权问题，目前尚无国际定论。

二、航路

航路（air way）是由国家统一划定、设有通信导航设施设备，以引导飞机沿着一定宽度、高度和方位进行飞行的空域。设定航路的目的，一是为民航飞机飞行提供固定飞行路线，维护空中交通秩序，保证飞行安全；二是加强空中交通管理，提高空域资源利用率。根据相关民航规定，"航路和固定航线地带应当设置必要的监视和导航设备。沿航路和固定航线应当有备降机场。备降机场应当有必备的设备和良好的通信、导航、气象保障"。

根据相关规定，中国的航路宽度为20千米，其中心线两侧各为10千米。但当航路的某一段受到地理空间障碍或通信导航等条件限制时，可以减少宽度，但不得小于8千米。在中国空中飞行的任何民航飞机，都必须遵照规定沿指定航路飞行。

三、航线

从事民航运输业务的航空公司在获得经营许可证之后，可以在获准的一系列站点（即城市）之间提供航空客货邮运输服务。由这些站点形成的航空运输路线，称之为航线（air route）。换言之，航线是由飞行的起点、经停点、终点和航路等要素组成的民航运输飞行路线。例如，"北京—上海""广州—乌鲁木齐""成都—纽约"等航线。

需要说明的是，航线不同于航路，航线强调的重点是飞行线路，以及所连接的城市或飞行方向。虽然航线必然与航路有关，但它并不关注实际飞行的具体空间位置。例如，开通"北京—纽约"航线，所给出的信息重点是，北京与纽约之间可以提供客货航班服务，可以经营相关业务。至于这条航线的航班怎么飞，是沿北太平洋沿岸航路飞行还是经过北极上空的极地航路飞行，是航班运行部门和飞行人员所关心的技术问题。

航空公司所经营的航线，必须向民航局申请并得到批准后才能提供具体的航班服务。因此，航线是航空公司获准授权经营航空运输业务的飞行空间，是航空公司经营客货运输市场范围，是航空公司赖以生存的必要条件。因此，对航空公司而言，经营的航线优劣与多少，对其发展十分重要。

民航航班航线按照行政区域空间分布，通常分为以下几类。

（1）国际航线。它是指运输的始发地、经停地或目的地之一不在某国领土主权行政管辖范围之内的航线，如北京—莫斯科航线。

（2）国内航线。它是指运输的始发地、经停地和目的地都在某国领土主权行政管辖范围之内的航线。

（3）地区航线。它是指通往特定地区的航线。例如，通往北美地区的航线，通往中东地区的航线，等等。

（4）区间航线。按照目前中国民航管理行政区域管辖范围，国内航线又可分为区际航线和区内航线。区际航线是指运输的始发地、经停地和目的地分别在两个或两个以上的民航地区管理局管辖区域之间的航线。区内航线是指运输的始发地、经停地和目的地都在同一个民航地区管理局管辖区域内的航线。

（5）地方航线。地方航线属于支线的一种，主要是指一省级区域之内的短程航线。例如，南京—连云港、丽江—西双版纳等。

如果根据航线所通城市的政治、文化、经济地位及航线繁忙程度，航线又分为干线（trunk route）和支线（regional route）。干线一般是指中大型城市之间的航线，航线客货运量大、航班密度高。中国的骨干航线主要是指首都北京至全国各省会城市和各大城市之间，以及省会城市和大城市之间的航线，形成省际或大城市之间的空中交通干道。例如，北京—南京、杭州—北京、深圳—上海、大连—深圳等。支线是相对于干线而言的一种概念，通常是指飞行距离在600千米以内的航线，如上海—黄山、昆明—丽江、喀什—喀纳斯等。

四、航季

根据国际惯例，航班计划分为夏秋航季和冬春航季。夏秋航季通常是指当年3月最后一个星期日开始执行，至当年10月最后一个星期六的最后一个航班；冬春航季是指当年10月最后一个星期日开始执行，至翌年3月最后一个星期六。每个航季的航班计划执行半年，如需调整航班计划或增开新航线，则需要提前申报审批。

五、航班

航班指民航运输企业按照规定的航线、班期和起降时刻所提供的民航运输飞行服务（flight service）。

航班有定期航班和不定期航班之分。凡是有固定航线、固定班期和航班时刻的航班服务，称为定期航班（scheduled flight），否则为不定期航班（non-scheduled flight）。

在运输繁忙时期，根据运输的需要，在被批准运营的定期航线上已确定的航班以外临时增加的航班，称为加班航班。

按照运输飞行的去向，航班又可以分为去程航班和回程航班。

根据航班飞行的航线性质，航班可以分为国内航班、国际航班和地区航班。

六、航段

一条航线至少由两个城市相连组成，有的航线在始发城市和终点城市之间还有经停点。一条航线中相邻两个城市之间的一段航程，被称为一个航段。

航段的概念实际上又分为旅客航段（segment，即常说的航段）和飞行航段（leg，又称为航节）。

旅客航段通常指构成旅客航程的航段。例如，在上海—北京—旧金山航线上，有 3 种可能的旅客航程：上海—北京、上海—旧金山和北京—旧金山。飞行航段则是指航班飞机实际飞经的航段。例如，在上海—北京—旧金山航线上，飞行航段为上海—北京和北京—旧金山两段。图 4-1 为旅客航段的组合规则。

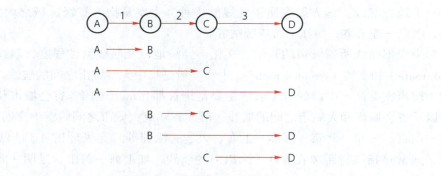

图 4-1　旅客航段示意图

七、航班号

航班号由两个字母的航空公司二字代码加上三位或四位数字组成，用于唯一地标识航班计划或航班时刻表中的具体航班。

航班计划编排具有一定的规则，根据规则和航班号标识具体的飞行班次。

航空公司二字代码又称航空公司代码，由两个英文字母或字母与阿拉伯数字组成，由国际航空运输协会统一编排和授权使用，是航空公司的唯一标识码（注：航空公司的三字代码为国际民航组织统一编排），用于航空公司的订座、航班时刻表、票据凭证和结算过程等。如 CA、MU 和 CZ 分别代表国航、东航和南航。航班号的后三位（国际航班）或后四位数字（国内航班）用于标识航班序号。国内航班号基本组成规则参见表 4-1，中国民航地区代码参见表4-2。

表4-1 国内航班号组成规则

第一位	第二位	第三位	第四位	第五位	第六位
航空公司二字码		执飞航空公司所在地区代码	执行航班终点站所在地区代码	具体航班序号去程航班用单数，回程航班用双数	

表4-2 中国民航地区代码

代码	民航地区
1	民用航空华北地区
2	民用航空西北地区
3	民用航空中南地区
4	民用航空西南地区
5	民用航空华东地区
6	民用航空东北地区
9	民用航空乌鲁木齐地区

八、值机与配载

值机与配载是民航运输过程中的两项重要工序，直接影响航班飞行安全。

1. 飞行原理

在介绍值机与配载之前，首先要了解飞机是怎么在空中飞行的。

民用航班通常采用固定翼飞机，它依靠机身两侧发动机产生的强大推进力，使飞机在向前运动过程中通过两侧机翼产生的向上浮力，使飞机在空气中向前飞行，如图4-2所示。

飞行中的飞机，依靠飞行驾驶人员对飞机各个功能部件的操控，改变飞机在空中的飞行速度、飞行高度和飞行方向，如图4-3所示。

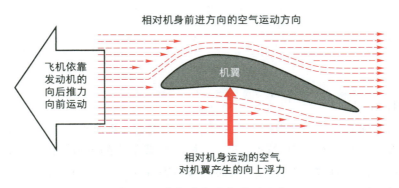

图4-2 空气浮力产生原理示意

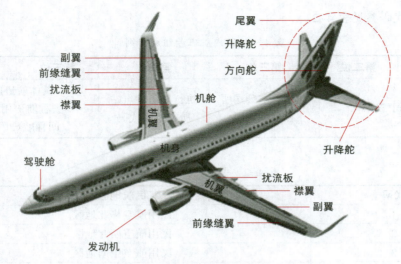

图 4-3　飞机飞行的主要操控部件

2. 配载平衡

飞行在空中的飞机，需要保持机身重心平衡，就像浮在水面上的船只保持平衡一样，这样才能安全地平稳飞行。飞机配载的任务，就是根据飞机的重心位置和机舱结构布局等要求，规划旅客在飞机上的座位安排和货物放置位置，以保持飞机飞行时的重心平衡，确保飞机安全飞行，如图 4-4 所示。

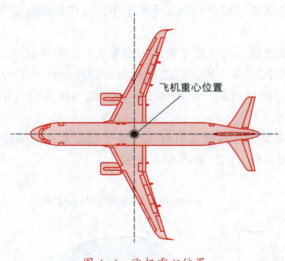

图 4-4　飞机重心位置

3. 吨位控制

飞机吨位控制的目的是，根据飞机的有效载重能力（即吨位）和货舱有效空间要求，在登机旅客人数和交运行李总量的基础上，控制装载货物的重量，以使飞机装载的客货总重量不超过飞机的有效装载能力，从而使飞机在安全飞行的前提下，能够充分发挥载运效能，提高航班经济效益。

4. 值机

值机（check in）的主要任务是为旅客办理登机手续，其目的就是为航班飞机的吨位控制和配载平衡服务。为旅客办理登机服务的主要内容有：安排机上座位、收运行李、为旅客发纸质登机牌或电子登机牌。通过换发登机牌的过程，掌握登机旅客人数和交运的行李重量，以便进行航班飞机吨位控制；通过安排旅客在飞机上的座位，达到航班飞机配载平衡的目的。这就是旅客购得的机票上没有座位号和需要换发登机牌上飞机的缘故。

第二节　航线的基本结构

航线通常有以下几种基本结构。

一、城市对结构

城市对结构（city pair）航线为直达航线，也有称"点 — 点"结构（point–point）。如图 4–5（a）所示，在始发机场和终点机场之间往返直飞，中间没有经停点。在旅客或货物运输量较大的城市对之间通常采用城市对结构航线，其特点是：没有中间经停点，旅途时间相对缩短，飞机和机组资源周转快，运行成本相对较低，深受旅客特别是商务旅客的欢迎。

二、线型结构

线型结构（linear）航线又称甩辫子航线，如图 4–5（b）所示，在始发机场和终点机场之间有经停点，回程按原路返回。采用这类结构的航线，主要是由于直飞航线没有足够的客货运量，需要通过中途机场的经停来补充载运业务，以提高乘坐率，降低航班成本。这种航线的特点是：停靠点多，途中时间较直飞航线要长。

三、环状结构

环状结构（round）航线与线型结构航线结构类似，航线中间有经停点，但不同之处是环状结构航线来回程不是同一航线，如图 4–5（c）所示。

与城市对直飞航线相比，无论是线型结构还是环状结构的航线，由于增加了中间经停点，对于航空公司而言，能够提高航班乘坐率和航班收入，但是对于旅客而言则增加了旅途时间。另外，由于增加了中间经停点，增加了飞机起飞和降落次数，因此会增加运行成本。

线型结构或环状结构的航线，通常是在干线上缺少竞争力的航空公司采用较多，或用于远程航线。

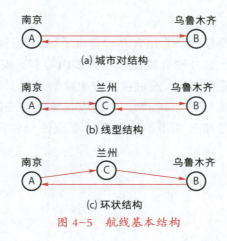

图 4-5　航线基本结构

四、枢纽型结构

（一）中枢辐射型航线结构

从以上航线结构的特点可以看到，城市对直飞航线适宜于航空客货运输量充沛的市场。对于一个航空公司而言，要保持市场占有率，就需要投入更多的飞机多开直飞航线，如图 4-6（a）所示。对于航班效益不太好的航线，就需要中枢辐射型航线结构，减少直飞航班，通过中转旅客或货物增加航班载运量来提高航班效益，如图 4-6（b）所示。

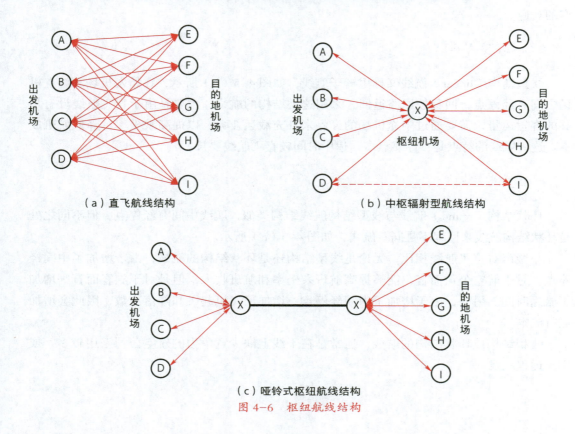

图 4-6　枢纽航线结构

目前，一些中大型规模航空公司以区域性中心机场（hub）或者门户机场为中转枢纽或集散中心，与周边的中小型城市构建辐射型航线（spoke），形成中枢辐射型航线网络。这种结构，可以使航空公司减少直飞航班，旅客可以在中心枢纽机场进行中转和换乘，最终到达目的地。

（二）哑铃式枢纽航线结构

在一些大型枢纽机场之间，可以建立图 4-6（c）所示的哑铃式枢纽航线结构网络。在这种航线结构中，连接两个枢纽机场的通常是运输量高的远程干线，实现"干—支"结合。这种结构的枢纽航线，可以减少支线直飞远程航线的航班，不仅可以减少飞机需求量，而且可以提高干线航班乘坐率，降低航班运行成本；另外，可以减少繁忙航线和大型机场的航班量，提高空域和机场的运行效率。但是，由于本可以乘坐直达航班的旅客必须在枢纽机场进行中转，故而增加了旅客的行程时间。因此，在运量充沛的航线上，航空公司依然可以采用直飞航班。

第三节　航班计划的编制

航班计划是航空公司准备向公众提供航班运输服务的周生产计划，其主要内容如表 4-3 所示，标明该航班的编号、航线、起飞和到达时间，提供航班服务的班期与所使用的机型。航空公司、机场、空管及各民航相关部门与单位，将根据航班计划进行生产的组织和准备。因此，航班计划是围绕航班安全、正点运输飞行进行组织和实施各项保障工作的依据和基础。实际上，航班计划不仅是民航运输企业组织生产的依据，而且是投向市场的产品目录，是民航运输企业市场战略的体现。航班计划将充分反映一个航空公司的市场规模、机队规模、市场营销能力乃至市场战略，也充分反映组织和利用航班资源从市场获得最大主营收入的盈利能力和市场竞争能力，是航空公司综合实力和核心竞争力的具体体现。

表 4-3　航班计划的基本组成

航班号	起飞站	到达站	起飞时间	到达时间	班期	机型	舱位
NH5103	南京	北京	9:50	11:20	1、3、5、6、7	733	FYJ
NH5104	北京	南京	12:00	13:20	1、3、5、6、7	733	FYJ
承运人	航线		航班时刻		航班日期	飞机大小	可用舱位等级

说明：由 NH 航空公司执飞的 5103 次航班，每周一、三、五、六、星期日的 9:50 从南京起飞，预计 11:20 到达北京；使用的飞机机型为 733。5104 为回程航班。该航班有头等舱（F）、经济舱（Y）和商务舱（J）。

一、航班计划编制步骤

编制航班计划是一项重要而复杂的工作。航空公司需要根据市场、商务、机队和维修等多个部门的紧密配合共同完成。航班计划的编制步骤如图4-7所示。

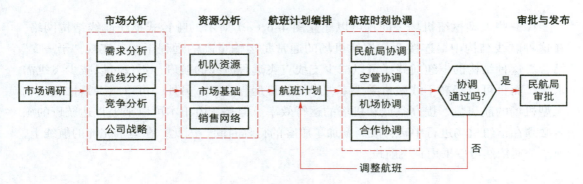

图4-7　航班计划编制步骤

（一）航线及构型选择

编制航班计划的第一大任务或步骤就是选择航线。选择航线的过程实质上就是航空公司的市场调研过程。首先需要根据目标市场规模、市场成熟度、市场竞争程度、航空公司联盟合作或机场合作关系，以及航空公司的市场发展战略及运行成本等诸多因素，选择航线和确定航线结构。特别是开辟新航线，更需要进行前期的可行性分析，研究进入的难易性、市场前景及市场风险等因素。

（二）航段运量分析

为了确定航班班期、航班班次及机型等航班计划内容，需要对目标市场的规模进行分析，即进行航段运量分析。

航段运量分析需要结合航段客货市场现有规模、市场增长态势、市场在下一航季的区域性、季节性及重大事件（如全国性或国际性会议、重大节假日）等特征，对市场进行定量细分和市场份额预测，以作为确定目标市场及航班计划的依据。在对目标市场份额进行预测的过程中，不仅需要结合历史运量，还需要考虑可替代品的进入带来的竞争影响。

（三）机型选择

机型选择需要考虑的因素比较多，主要有：目标市场细分的旅客和货运市场特征、市场规模、航程、机型的运行经济性、航路特点等。例如，旅游航线和商务航线之分、国际航线和支线之分、高新产品和鲜活易腐商品之分、高原和平原之分，甚至需要考虑机场地理环境等诸多因素对机型的要求。在有些远程航线上，还需要考虑飞机的周转、机组安排、维修等问题。

机型选择需要考虑的另外一些因素是：所选机型的飞机可用数量及其经济性，以及机型使用均衡性和飞机利用率等问题。

（四）航班班期安排

航班计划通常是以周（即一个星期）为一个基本循环周期的航班运输服务计划。航班计划的班期，表明一个航空公司在一条航线上每周有哪几天能够提供航班服务。确定班期不仅需要依据航线客货运量，而且需要结合航线的市场特征。在市场容量较大的航线上，每天都能安排航班，而且可能安排多个班次。在运量较小的航线上，航空公司出于航班运行成本的考虑，并不能每天都提供航班服务。因此班期安排，特别是周六和周日航班的安排，具有非常重要的市场意义。例如，对于一条旅游航线而言，通常周五晚上和周日晚上的航班比较适合旅游需求，旅客可以充分利用周五夜晚出发和周日夜晚回程而不妨碍正常工作，这样的航班时间安排颇受旅游市场欢迎。对于商务航线，周一上午和周五晚上的航班比较受欢迎。对于国内－国际衔接的航线，需要兼顾国际航班的班期和时刻，便于旅客在枢纽机场的中转。

（五）航班频次确定

航班频次（flight frequecy）为在一条航线上一天内可以安排的航班次数，它与航段每周运量及所选机型有关。

航班频次测算通常采用以下方法：先根据预测的航段运量及所选用的机型，测算航段上一周内可以安排的航班数。

$$F_{week} = P_{leg} / [(S_{available} \times LF) \times 7 \text{天}] \tag{4-1}$$

式中，F_{week} 为航段的航班频次，P_{leg} 为航段周转量，$S_{available}$ 为所选机型可用座位数，LF 为航段溢出客座率。

通常认为，当一条航线的客座率超过 90% 时，可能会导致旅客因担心座位紧张而改乘别的航空公司航班。在这种情况下，需要更换较大机型，或者增加航班班次。

航班频次的多少，表明航空公司在航线上的市场份额大小和市场竞争能力强弱。因此，航空公司为了提升在航线上的竞争力，增加在 CRS 销售显示屏上的覆盖率以增加成交机会，通常采用"少量多餐"策略，即在保障航程、航路条件及商务要求基础上选用相对较小机型，以增加航线上来回程航班次数，增加旅客选乘本公司航班的机会和选择的灵活性。

（六）航班时刻

航班时刻是航班计划的一个重要内容，用于表明航班的起飞时刻和到达时刻。航班时刻反映了两个方面的问题：一是能否获得一条航线上的航班时刻，意味着航空公司在这条航线上能否获得航空旅客或者航空货物运输业务经营权；二是获得什么时刻，涉及航班是否具有竞争性问题。此外，航班时刻的选择还有许多技术问题。

航班时刻涉及航班出发时间和航班到达时间，是一个极具市场敏感性和市场竞争性的产品要素。对于大部分国内短程旅客而言，他们不仅关注航班班期和航班班次，而且非常关注航班时刻，特别是商务旅客。对于具有竞争性的短程航线而言，出发时刻对旅客选择航班甚至票价有着十分明显的影响力，即便是先后几分钟的时刻差别，都可能对航班客座率和机票销售收入带来明显的差异。在枢纽航线网络中，航班在枢纽机场的到达时刻和后续航线的航班出发时刻直接关系到枢纽航线的航班衔接问题。对于一些国际航班，航班时刻安排还需要关注航线机场所在国家和城市是否施行宵禁法令。

影响航班时刻的另一个重要因素就是机场的繁忙程度。繁忙机场的航班时刻是一种稀缺资源。由于航路流量控制和机场繁忙对起降航班架次的限制及航空公司之间对时空的需求，要获得比较理想的航班时刻一般比较困难。即便是拥有好时刻，但由于机场高峰时段航班密度较高，在实施过程中极易受空域、机场、天气等原因影响而产生航班延误甚至航班取消现象。这也充分说明了在编制航班计划过程中需要充分考虑航线和机场的繁忙程度及航班时刻可靠性问题，以便保障航班时刻的有效性。

二、航班效益分析

航班效益分析是航班计划编制过程中必须考虑的重要内容。通过分析航班和航线效益，一方面，用于衡量航班的经济性，确定开设航班的必要性；另一方面，可以对航班设置和航线选择进行优化，以提高航班和航线的经营效果。

航班效益包括以下几个主要指标。

（一）航班边际收入

航班边际收入用于衡量一个航班的毛收入水平。假设一个航班飞经 n 个航段，则该航班的客运边际收入为：

$$航班客运边际收入 = \sum_{i=1}^{n} \left(F_{Fi} \times P_{Fi} + F_{Bi} \times P_{Bi} + F_{Ci} \times P_{Ci} \right) \tag{4-2}$$

式中：F_{Fi}，F_{Bi}，F_{Ci} 分别为第 i 个航段上的头等舱、公务舱和经济舱的旅客平均票价；P_{Fi}，P_{Bi}，P_{Ci} 为第 i 个航段上运送的头等舱、公务舱和经济舱收费旅客数；n 为该航班的航段数。

（二）航线边际收入

航线边际收入用于衡量一条航线上的所有航班的毛收入水平。假设一条航线上有 m 个航班，则这条航线上的航班边际总收入为：

$$航线客运边际收入 = \sum_{j=1}^{m} 航班客运边际收入$$

$$= \sum_{j=1}^{m} \sum_{i=1}^{n} \left(F_{Fi} \times P_{Fi} + F_{Bi} \times P_{Bi} + F_{Ci} \times P_{Ci} \right) \tag{4-3}$$

（三）航班边际成本

航班边际成本用于衡量一个航班的（直接）运行成本（不包括航空公司管理成本）。一般情况下，航班运行成本主要包括如下几方面。

（1）旅客服务费。主要为机上旅客服务所产生的费用、为旅客安全而支付的保险费、旅客购票过程中产生的销售代理费和订座费等。

（2）航空公司支付给机场的相关费用。主要包括机场旅客服务费（旅客过港费、旅客及行李安检费、头等舱和公务舱旅客服务费）、机场货物服务费（货物运输费、货物安检费）、机场服务费（起降费、机务费、客桥费、装卸平台费、加油费、机上清洁费）、其他费用（机场灯光费、附加费、夜行费）等。

（3）航空公司支付给空管的相关费用。如航务费（指挥费、航路费）等。

（4）其他费用。包括飞机燃油费、机组人员工资及考勤补贴等费用。有的航空公司还要计算飞机的折旧费或租赁费。

（四）航班边际利润

航班边际利润是指航班的毛利润。

$$航班客运边际利润 = 航班客运边际收入 - 航班客运边际成本 \qquad (4-4)$$

对航班或航线效益（边际利润）可以从两个角度进行评价：一是航空公司从近期利益着眼，需要有直接经济效益回报，虽然某些航段或航线的航班亏损，但是从航线或枢纽航线网络整体效益出发，这些航段或航线在其中发挥了不可或缺的集散作用；二是从航空公司的长期战略着眼，应具有市场发展潜力或市场战略作用。当然，有些航线的效益需要从国家支持"老、少、边、穷"地区社会和经济发展需要出发。具体如图 4-8 所示。

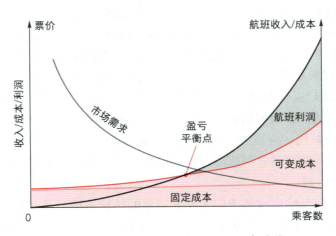

图 4-8　航班收入－成本－利润三者关系

（五）飞机日利用率

飞机是航空公司最重要也是最贵重的生产工具，提高飞机的利用率（utilization）是航空公司编排航班计划过程中必须充分考虑的一个重要方面，也是评价航班计划的一个重要指标。

假设一架飞机一天共飞行 n 个航段，第 i 个航段的飞行时间为 T_i，则一架飞机的日飞行时间合计为：

$$飞机日飞行时间 = \sum_{i=1}^{n} T_i \qquad (4-5)$$

则飞机的日利用率为：

$$飞机日利用率 = 飞机日飞行时间 / 24$$

$$= \left(\sum_{i=1}^{n} T_i \right) / 24 \qquad\qquad (4-6)$$

编制航班计划在努力提高飞机利用率的同时，必须考虑飞机的最大日飞行小时数限制。根据飞机的性能，飞机制造商或航空公司对每种型号的飞机都规定了最大日飞行小时数，以保证有足够的时间对飞机进行维护和保养。

三、航班管理

根据《中国民用航空国内航线经营许可规定》，航空公司在获得航线经营许可并取得相应的起降时刻后才能运营航班，以一种合理的载运比率提供足够的航班班次，以满足航线市场旅客、货物和邮件的运输需求。根据该规定，航空公司编制本公司的航班计划，上报民航局或民航地区管理局依据航季评审规则进行评审，在获得民航管理部门批准后才能算作有效，并以航班时刻表的方式向社会公布，航空公司在下一航季按获准公布的班期时刻执行。

实际上，民航局一年公布两次的航班计划在具体执行中会有调整。例如，由于市场原因，某些航空公司会在某些航线上增加航班或包机，而某些航空公司则可能在某条航线上减少航班甚至停飞或者调整航班时刻。根据《中国民用航空国内航线经营许可规定》，航空公司可以根据市场需求在其所经营的航线上自行安排加班，但需要提前一周报始发机场所在地民航地区管理局备案，并取得相应的起降时刻后实施。航空公司的加班航班不得冲击其他航空公司定期航班的正常经营。如果航空公司准备停止经营航季客座率达到50%以上的航线，应当经民航局或民航地区管理局评审核准，未经评审核准的不得停止经营。对于调整航班时刻或增加新航班，都必须根据民航局的相关规定事先申报并获准后航班才能运营。

对于一些具有公益性质或基于国家发展需要的特殊航线，民航局会采取一些特殊政策，以保障航线运行。民航局和民航地区管理局在进行航线经营许可核准和航班安排协调时，对承担政府协调、执行指定的特殊贫瘠航线飞行任务的航空公司，按其要求酌情给予增加由该地区始发的航班或开辟该地区始发效益较好的航线；对新辟独飞的"老、少、边、穷"地区支线航线采取市场培育期保护措施，在两年内不再核准或登记其他空运企业进入经营。

第四节　航班运输生产的组织

前几节重点阐述了关于航班计划的编制过程。根据第三章市场营销观点，航班计划编制工作实际上是航空公司的产品设计过程，而航班的地面保障服务和空中运输飞行才是民航运输产品的实质性生产和产品交付过程。事实上，民航运输过程就是围绕保障航班计划顺利实施，通过各部门的组织和协调共同开展的一系列工作。

如表4-4所示，民航客货运输生产过程可以分为三大阶段，分别为运输前的准备阶段、运输生产的实施阶段和运输结束后的服务跟踪阶段。其中，实施阶段可以进一步细分为出发航班的地面保障服务阶段、航班的空中运输阶段和到达航班的地面保障服务阶段，由航空公司、空管和机场等单位共同完成。

表4-4 民航客货运输生产的三大阶段

行为主体	准备阶段	实施阶段			服务跟踪阶段
		出发航班的地面保障服务阶段	航班的空中运输阶段	到达航班的地面保障服务阶段	
旅客	• 购票 • 前往机场	• 换登机牌 • 交运行李 • 边防海关 • 安检、候机 • 休闲购物 • 登机	• 娱乐 • 餐饮 • 购物 • 休息	• 下机 • 认领行李 • 中转	意见反馈
货主	货物地面运输	• 包装 • 交运、制单 • 报关	跟踪航班信息	• 报关、商检 • 提货	
市场营销	产品设计	产品生产与交付			售后服务
民航运输服务部门	• 机队调度计划 • 机场运行调度计划 • 地面保障服务计划 • 空中飞行调度计划	• 值机 • 安检 • 货邮分拣 • 仓储 • 配载平衡 • 装机 • 场道服务 • 候机楼服务 • 航务服务	• 运输飞行 • 空中服务 • 空中交通指挥	• 卸载、验收 • 分拣、仓储 • 交付 • 配送 • 中转	反馈意见处理

一、航班运输生产的组织

民航运输生产是一个复杂的服务过程，它不仅涉及的领域多，而且隶属管理关系复杂化和多样化。民航运输生产内容可以分为两大部分，一部分是地面保障服务，为航班运输飞行和到达提供保障，另一部分工作就是空中运输飞行服务，参见图4-9。根据每一部分的服务内容性质和现行民航管理体制与市场化运营管理模式，航空公司、机场和空管是两大部分生产的组织者和管理者，也是核心服务的提供者。

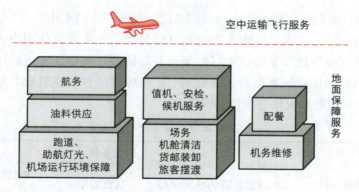

图 4-9 民航运输生产服务体系结构示意

民航运输飞行的准备工作基本上是在机场场面完成，主要包括如下方面。

（一）跑道、灯光及机场运行环境保障服务

根据新型的机场经营管理模式，机场负责提供公共交通基础设施及相关的配套服务，如跑道系统、助航灯光系统、机场场面服务（如飞机引导和牵引）、特种车辆、水、电、气、汽和净空环境保障等与机场基础设施设备相关的服务，以保证航班飞机的安全、正点起飞和降落。

（二）油料供应

根据航空公司的航班飞行要求，由专业油料公司为航班飞机加油。根据目前的中国民航管理体制，中国境内的航空燃油由专门的油料特许经营公司提供服务。

（三）航行服务

主要为航班飞行全程提供包括发布航班动态信息、航行情报、航路气象预报、通信导航和空中交通指挥等空中交通服务工作。根据目前的中国民航管理体制，航行服务由民航空管部门负责。

（四）飞机维修服务

飞机维修服务是一项技术性很强的许可制服务，承担飞机的维修和保养业务，保障航班飞机的适航性。飞机维修通常由基地航空公司承担，机场、第三方专业维修公司或基地航空公司可以代理其他航空公司的航线维修。

（五）值机、配载、安检、候机和行李服务

值机服务是主要为旅客办理登机手续、安排机上座位、行李收运等相关特殊服务；配载通常包括飞机载荷吨位控制和飞机载荷重心平衡工作两部分，前者是保障航班飞机的在安全起飞能力之内充分发挥业载运能，后者是保障旅客和货物在飞机上的分布位置重心平衡，确保飞机的安全飞行；安检工作主要对登机旅客和行李进行安全检查，以保障航班飞行安全；旅客候机服务主要包括航班信息服务、旅客问询、候机座位及登机服务等。对于到港航班，需要提供旅客行李或货物的交付服务和咨询服务。这一类服务的运营和管理模式多样化，通常由机场公司提供。在一些基地航空公司专属候机楼内，主要由基地航空公司负责提供，也有的由第三方服务商负责提供。

（六）站坪服务

站坪是航班飞机停靠和服务的主要区域。站坪服务的主要内容包括机舱清洁、飞机加水、旅客上下、行李和货物装卸、装载机上服务用品及餐食、飞机护卫等服务，通常由机场公司或者第三方提供。基地航空公司通常承担本公司的站坪服务。

不难看出，民航运输生产的地面保障服务，有机场、航空公司、空管、油料、机务甚至第三方服务商等单位或部门参与，需要多方协调和组织，为飞机的安全、正点飞行共同做好保障工作。

二、航班运输生产计划

计划是有效组织和实施民航运输的重要过程。计划的目的在于组织、准备和安排所需的各项资源。各民航运输生产部门都需要根据各自的职能和职责，分别进行各项计划工作。

民航局一年公布两次的航班计划实质上是为期半年的航班计划"远期"计划。在未来的半年里，由于受诸多因素的影响，航班计划难免会进行调整，如取消航班、增加航班、航班班期或者航班时刻调整、更换机型等时有发生。因此，为确保航班运输有序进行，民航管理部门按月、周和次日3种方式对航班计划进行管理。

（一）月度航班计划

航空公司、机场、空管与航班计划实施相关的生产与管理部门，通常提前一个月的时间确认下一个月的航班计划，以便进行必要的资源调整和准备。特别是一些重要的节假日或事件前后，需要对一些热点航线或相关航线的航班进行适当的调整，以应对市场的阶段性需求变化，如中国春节前后的探亲潮，清明节、劳动节、国庆节前后及暑期的旅游旺季，大型国际赛事或全国性会议等。

（二）周航班计划

随着航班计划实施时间的临近，航空公司、机场和空管需要对下一周的航班计划进行进一步确认，以便制订详细的生产计划和各部门之间的协调与准备。

（三）次日航班计划

次日航班计划是根据周航班计划进一步明确第二天具体实施的航班计划，通常是在每一天的下午某一固定时间，由空管的航务部门通过民航内部通信网络按照固定格式的内部传真方式，将第二天具体执行的航班计划发至各航空公司、机场和相关运行保障与管理部门，以便航空公司、机场和相关部门为具体落实第二天的航班计划实施与保障进行必要的人员和设施设备准备。航空公司、机场和空管等相关部门在当日最后一个航班飞行结束后，将航班运行控制系统中的次日航班置换成当日航班计划，成为当日具体实施保障任务的行为依据。

（四）临时航班计划

尽管航班计划已经十分明确了当日航班运行的具体计划，但是，即便是在具体实施航班的最后一刻，也有可能因为某一个或一些重要原因而影响航班的具体实施，如大面积航班延误导致航班取消和航班恢复等都屡见不鲜。出现这种突然性的大面积航班调整，便会产生临时航班计划，在航空公司、空管和机场协调并经民航管理部门批准后付诸具体实施。

通过上述计划，使得航班能够有序地进行组织、准备和实施。

三、航空公司运行计划

航空公司是实施运输飞行的具体实体，需要根据航班计划落实到具体的航班、飞机和机组人员、航班运行控制人员，这就是航空公司航班运行计划的主要任务，为航班的具体实施进行安排和准备。

（一）航班运行计划

航班运行计划主要包括如下内容。

1. 飞机调度计划

飞机调度计划又称飞机排班，就是根据航班计划给每天的每一个班次的航班安排具体的执飞飞机。具体的飞机安排，需要根据航班的航线距离、航路要求、市场要求、飞机的维修与健康状况及机组人员可用情况等因素统筹安排。通过飞机调度计划，给每一架次的航班安排飞机，给每一架飞机安排每天的飞行任务，形成以周为周期的飞机调度计划。图 4-10 所示为飞机排班和机组排班工作的相互关系。

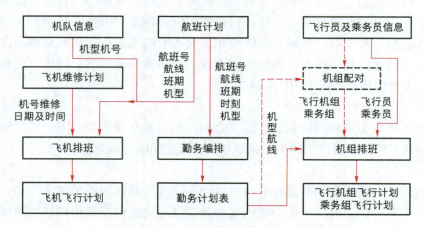

图 4-10　飞机排班和机组排班的相互关联示意

2. 机组调度计划

机组调度计划又称机组排班。机组排班的主要任务是：根据航班计划和飞机调度计划，按照民航局和航空公司关于机组配置的规定和要求，编排一周中每天的机组飞行计划，即适合一个机组的日飞行任务计划，这样的计划又称为勤务。勤务内容包括：执飞勤务中的飞行任务需要什么规格的机组，及配置多少什么样的空勤人员。这里所说的空勤人员（air crew），通常是指在飞行的航空器上执行任务的工作人员，包括驾驶员、领航员、飞行机械人员、飞行通信员、乘务员、安全保卫员及相关工作人员（如通用航空飞行中的航空摄影员、急救员等）。在执行每次航班飞行的过程中，空勤人员被编制成机组（有的远程航班需要同时配置两个机组）。机组通常分为驾驶舱飞行员机组（cockpit crew）和客舱乘务组（cabin crew）。飞行机组是指飞行期间在航空器驾驶舱内执行飞行操作任务的驾驶员、领航员、飞行通信员和飞行机械员。客舱乘务组为航空器运营人指派在客舱执行旅客服务的机组成员。实际上，机组调度计划就是安排每一天的机组飞行任务计划。

3. 机组轮班计划

在执行航班计划时，需要给每一个勤务或勤务组安排具体的飞行人员和乘务人员，以便具体实施每一个班次的航班飞行任务，这就是机组轮班。机组轮班计划实质上就是将航班飞行任务落实到具体的人员。

通过航班运行计划、机组调度计划和机组轮班计划，形成每天每一个班次航班的具体飞机和具体机组人员，即航班运行计划。同时，也分别形成了每一架飞机每天的航班飞行任务计划、每一个空勤人员每天的飞行任务计划，参见表4-5和表4-6。

（二）飞机维修计划

为保障飞行安全和航班计划的顺利实施，航空公司必须保障投入飞行的飞机具备适航条件。因此，需要根据各机型及其部件的技术性能要求、每架飞机累积运行时间和飞机健康状况，做好每架飞机的维修安排，以保证有足够的维修人员、维修航材和维修时间，对飞机进行必要的例行维修，以保障航班的正常运行。

飞机例行维修计划通常分为两类。一类是例行航班维修，包括飞机在航班前和航班后在基地的例行维修、在经停点的过站维修，以及临时性维修。这一类维修通常是对航班飞机的不停场轻度例行维修，一般安排在正常航班的间隙，如航班上下客的间隙，或在晚上飞机停场的时间段内组织检修，保障第二天航班的正常执行。另一类是例行定期检修，各航空公司和维修单位根据飞机制造商提供的飞机定时维修时间标准和各部件的使用时间限制，按照民航管理部门的有关适航指令，制定个性化的飞机维修手册，确定每架飞机的定检时限。各航空公司和维修单位根据维修手册和适航要求，结合飞机的飞行小时数、备件循环数或日历时间，制定本公司每架飞机的定时性维修计划和时控件翻修计划。定时维修主要是根据机型及其部件的性能和使用时间，按照飞机维修手册的规定和要求，对飞机和备件进行定期检修，以确保飞机的适航性。这一类的检修内容相对较多，工作量较大，耗时较多，具有一定的周期性。其检修周期因航空公司、机型和飞机而异。表4-7中列出的是两家航空公司有关飞机定期检修的时限。从飞机调度计划可以看到，飞机维修计划直接影响飞机排班计划。因此，飞机维修任务尽可能安排在航班航线上或航班间隙时段，以尽可能减少飞机的停场维修时间，尽可能减少因为维修而影响航班的正常执行。根据飞机维修计划，需要进行维修人员配对与排班、航材备件配比与库存优化等工作，以保证飞机维修工作的顺利进行。

表4-5 某航空公司飞行机组飞行计划表（节选）

执飞航班（航班号二字码略）	飞行中队	起飞时间	飞行机组人员							跟班	航线名称
			机长	机长	第二机长	副驾驶	第二副驾驶	报务教员	报务员		
5031/5032/5153/5154/	A1	8:30	蔡××	葛××					表×		合肥–香港–合肥–北京–合肥
5175/5176/	A1	14:25	韩××			祝××	成××				杭州–北京–杭州
5151/5152/	A2	8:00	范×			艾××					合肥–北京–合肥
5576/5401/5402/	A2	8:00	顾×	牛××						钱×	合肥–虹桥–成都–虹桥
5325/5326/	A2	14:30	牛×			梁××	吴××				杭州–广州–杭州
5321/5322/5327/5330/	A2	8:20	候××			丁××					杭州–广州–杭州–广州–合肥
501/502/	A3	8:15	江×			王×					浦东–香港–浦东
707/708/5379/	A3	15:05	卫××			魏××					浦东–香港–浦东–深圳

表 4-6 某航空公司客舱乘务组飞行计划表（节选）

执飞航班 （航班号二字码略）	飞行 中队	起飞 时间	乘务组						跟 班	接车 时间	航线名称
			乘务长	乘务员	乘务员	乘务员	乘务员	学员			
5151/5152/	B1	8:00	郑××	王×	何×××	朱×××		耿××		6:10	合肥－北京－合肥
501/502/5245/5246/	B1	8:15	胡×××	周×	张×	毛×××					浦东－香港－浦东－张家 界－浦东
5171/5172/5325/5326/	B1	9:00	沈×××	孙×××	邢×××	王×××					杭州－北京－杭州－广州－ 杭州
597/598/595/596/	B1	9:00	赵×	姚×	赵×	李××					杭州－香港－杭州－香港－ 杭州
5578/5407/5418/	B1	12:55	张××	李×××	刘×××	赵×××				11:05	合肥－虹桥－成都－杭州
5327/5330/	B1	13:50	征×××	白×	黄×	马×					杭州－广州－合肥
5645/5646/	B1	19:10	石×××	李×××	陈×	汤×					合肥－深圳－合肥
5419/5420/	B1	21:20	沈×××	龚×	黄×	李××		郑××			合肥－成都－合肥

表 4-7　飞机定期检修周期表（单位：飞行小时）

航空公司	机型	A 检	B 检	C 检	D 检
×× 国际航空公司	B707	160	450	1600	16000
	B747	330	1400	13 个月	25000
中国 ×× 航空公司	B707	100	820	1200	15000
	B747	170	650	2400	16000

（三）商务调度计划

航空公司的商务调度计划通常包括两大部分内容：一是旅客航班计划，包括正班航班、包机或加班航班的计划；二是根据旅客航班计划制定随机配载的货物运输计划，即预配载，实际执行时将根据航班旅客量和交运行李的实际情况进行货物配载，以充分利用航班飞机的有效业载能力。

机场的商务计划主要是指所代理的航空货运服务，同样需要根据航班计划的航线和旅客信息进行货物预配载，以便准备在航班飞机上可能搭载的货物，包括货物的体积和货物的重量。在最后实际装运时，将根据航班旅客量和交运行李的实际情况对预配载的货物运输计划进行适当调整。

商务计划的准备，不仅有利于保障航班正点率，而且将能够有效地利用航班飞机的载运能力，特别是繁忙航线，以创造更多的航班效益。

（四）签派放行计划

航班飞行是最终实现航空运输的关键环节，也是所有保障工作的共同目标。根据民航局《中国民用航空飞行签派工作细则》规定，中国航空公司组织和实施航班飞行，签派部门必须事先制定飞行计划，以保障航班安全、有序、正点和经济地运行。

所谓航班签派，简而言之，就是根据民航管理部门的相关规定，对即将执行的航班飞行准备情况进行综合性复核和审查，确定是否具备了安全飞行的各项条件，包括飞机适航性、业载吨位和平衡、机组人员健康状况和人员搭配情况、航路气象、航路备降机场可用性、飞机油料准备等情况。因此，运行控制部门需要根据航班计划，做好航班飞机的签派飞行计划和各项准备工作，以保障航班安全、有序、正点和经济地运行。

四、飞行计划

《中国民用航空飞行签派工作细则》中规定，航空公司飞机执行"国内飞行时，飞行签派人员或者机长应当于航空器预计起飞前一日十五点以前，向有关空中交通管制部门提交飞行申请；每次飞行，签派人员或其代理人或者机长应当于航空器预计起飞前一小时，向空中交通管制部门提交飞行计划（FPL）"。

实际上，航空公司的飞行计划，一方面，用于本公司有计划地进行飞行准备，如飞机、机组人员和客货商务的组织安排，也是组织相关保障工作的依据；另一方面，是一种向空管部门提供的书面文件或电子数据文件，用于空管的飞行管制及导航目的。

众所周知，一个机场的进出港航班来自多家航空公司，因此，空管部门必须提前掌握所管制空域内次日所有进出港航班的飞行计划，并根据这些飞行计划重新统一制定进出港的飞行计划，以便进行空域和航路的调配和相关准备，并通知相关机场，以便机场进行地面保障工作的组织和准备。因此，航空公司必须按规定事先提交飞行计划。

航空公司制依据民航局《大型飞机公共航空运输承运人运行合格审定规则》（CCAR–121–R4）及相关规定，根据航班运行计划、飞机性能、运行限制、计划航路、航路条件及预计着陆机场条件等因素进行具体计划，确保安全飞行。飞行计划主要包括航班号、计划起飞时刻、航段、机型、机号、计划航路、计划高度、备降机场及航程所需燃油重量等信息。

通过以上各项计划的准备工作，对各部门完成航班保障任务的各项工作进行周密计划，相关部门进行组织和协调，为保障航班计划的顺利实施进行准备。

五、机场运行保障计划

机场是具体实施航班运输准备工作的重要场所，它不仅要为航班飞机起飞和降落提供安全的跑道系统和必要的地面服务设施设备，而且要为飞机停靠、上下旅客和装卸行李货物邮件、飞机维修等安排停机位，还要为离港和到港的旅客提供服务，如值机、安检和候机，以及行李交运和交付等。

机场运行保障活动主要分布在两大区域空间，一是机场飞行区，主要包括与机场安全直接相关、禁止公众进入的区域，如跑道、停机坪等；航班地面保障的另一部分服务分布在候机楼内的旅客服务区，主要包括值机柜台、行李传送带和安检通道的外侧，如图 4–11 所示。因此，机场必须根据航班计划做好机场运行保障计划，特别是多跑道机场，更需要周密计划和协调安排机场的各项生产资源。

（一）跑道及灯光系统保障

机场跑道及其灯光助航系统是保障飞机在机场安全起飞和降落的重要基础设施。因此，机场必须保障跑道、机场场面及灯光助航系统的适航性，确保完全符合规定的等级飞机起降要求。

为确保航班安全、正点运行，机场根据跑道、滑行道巡视检查工作制度和协调机制，确定每日对机场跑道、滑行道、机坪进行定时巡视检查的次数和时间，以及定期对跑道道面摩擦力进行检测和道面裂缝进行检验的养护计划，"保证道面完好、平坦、通畅、无积水"；根据助航灯光系统的检查机制和检修计划，"保障场道各类标志物、标志线清晰、有效、颜色正确，助航灯光系统和夜间引导标记牌的光强、颜色有效、完好"。这些工作都需要进行周密计划和精心组织，并具体落实。

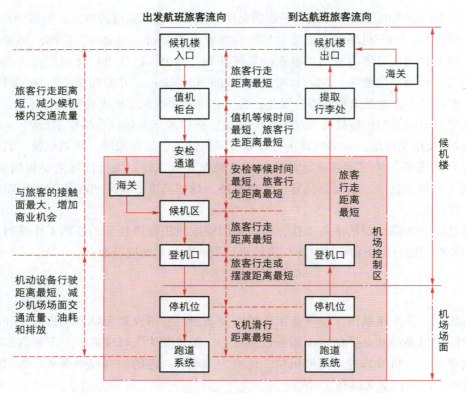

图 4-11　机场运行功能区分布及出发和到达航班旅客流向

（二）机坪运行保障计划

停机坪用于停靠飞机，以便为飞机进行航班飞行任务准备，或为到港飞机旅客下机和卸载行李进行服务。由于机场的航班保障工作有相当一部分都集中在停机坪，因此停机坪的运行保障和机位管理十分重要，需要认真计划和组织。

1. 停机位调度计划

如前所述，停机位是机坪的基本组成单位，机场的机位多少直接影响机场航班容量。另外，机位大小与安排停放的航班飞机机型有关，机位位置与候机楼的距离远近和航班特点有关。因此，为了保障航班飞机安全停靠，方便地面保障服务正常操作，机场需要按照相关规定和规则（见表 4-8），根据航班计划对航班飞机的停机位置进行预分配，即制定停机位调度计划。

表 4-8　某机场机位分类与机型分配（节选）

机位号	机位尺寸 / 米	适用机型
1	80×60	B767 及以下机型
2、3	140×607	B747 及以下机型
4	43×45	A320 及以下机型
5	80×60	B767 及以下机型

续表

机位号	机位尺寸/米	适用机型
6	60×45	A320 及以下机型
7、8	68×55	B757 及以下机型
9、10、11、12	68×55	B757 及以下机型
13、15、17	75×77	B747 及以下机型
19	54×70	A310 及以下机型
14、16、18、20、21	65×62	B767 及以下机型
22、23	42×38	B737 及以下机型
24、25	50×43	MD90 及以下机型

　　机场的可用机位多少和分配直接影响机场的生产能力和机位周转效率，因此，机位分配和调度是机场运行管理中的一个重要环节。根据《民用机场运行安全管理规定》，机位调配首先必须遵循以下优先原则。

　　（1）发生紧急情况或执行急救等特殊任务（如专机）的航空器优先于其他航空器。

　　（2）正常航班优先于不正常航班。

　　（3）大型航空器优先于中小型航空器。

　　（4）国际航班优先于国内航班。

　　（5）客运优先于货运。

　　（6）过站或中转航班优先于始发航班。

　　（7）机位大小和机位间距必须适合机型。

　　（8）执行航班优先于维修或（过夜）停场。

　　此外，在技术方面，机位分配还需遵循以下基本原则。

　　（1）机位大小和机位间距必须符合机型要求，如飞机翼展宽度、相邻飞机之间的最小间距要求、机型特点等因素，以保障飞机正常进出（滑进、滑出、拖进、拖出），发动机运转时气流、噪声等因素不影响相邻飞机的正常作业。

　　（2）同一个机位在同一时间段只能停靠一架飞机。

　　（3）必须给着落的飞机分配一个机位。

　　（4）飞机停靠时间必须满足机型最短服务时间要求。

　　（5）来回程航班飞机安排在同一机位，减少飞机在机场场面上的移动。

　　关于机位分配的先后顺序，通常还需要遵循以下原则。

　　（1）先宽体飞机（客舱双通道）后窄体飞机（客舱单通道）。

　　（2）先干线航班后支线航班、先大型飞机后中小型飞机。

　　（3）先安排近机位后安排远机位。

按照以上基本原则，机场将根据航务部门下发的次日本场航班飞行计划进行机位预分配，如表4-9所示。

表4-9 某机场机位预分配表（示例）

序号	航班号	计划起飞时间	机位号	机型	登机口
1	CA4256	07:20	110	A20	A3
2	CA4288	07:30	118	A31	A5
3	JD5169	07:35	515	A19	A6
4	HU7221	07:40	513	A20	A7

在实际执行中，机场运行指挥中心将根据航班的具体执行情况及本场机位的具体管理规则进行机位的动态调配。尽管如此，为了便于机场运行调度和生产安排便利与实施，航班机位分配通常具有一定的相对稳定性，尽可能保持同一航班的飞机基本停靠在同一机位，有相对固定的位置，这样不仅有利于飞机机位排班计划的稳定性，也便于常旅客快捷进出机场，减少旅客在机场的滞留时间。在停机位分配过程中除了需要考虑上述的规则性和技术性因素外，还需要考虑飞机滑行的经济性，即飞机从机位到跑道口的距离最短，滑行时间最短，耗油最少，排放尾气最少；需要兼顾考虑旅客从安检口—候机区—登机口之间的行走距离。

2. 场面运行保障计划

除了进行机位预分配之外，还要对机场场面运行保障的其他工作进行安排，如飞机牵引、泊位引导、充电、加水、除冰、消防、护卫、维修、行李和旅客地面运输等服务及各种特种车辆准备、燃油供给、配餐等工作。特别是进入冬季，扫雪车、除冰车、大型清扫车等设备和物资的准备等工作也需要周密计划和组织安排。

（三）候机楼服务保障计划

候机楼是为旅客登机和中转提供服务的主要场所，为出发航班旅客提供登机前的准备，如换发登机牌和交运行李，人身和行李安全检查，国际旅客的海关服务及候机区服务；或中转旅客的转签候机等服务；为到港航班旅客提供到达行李提取和国际旅客的海关服务。

1. 值机柜台调度计划

候机楼旅客服务部门需要根据航班计划事先制定值机柜台分配方案，包括值机人员排班，以保障能够有序、高效地为旅客提供值机服务。值机柜台的分配通常采用以下方法。

（1）位置相对固定。在大型机场，机场通常采用租赁方式，安排一个或多个值机岛，专供基地航空公司使用，并由航空公司自己负责这些值机柜台的开放或者关闭等运行与服务管理。这种方式有利于基地航空公司在机场建立自己的服务品牌，有利于常旅客服务，更有利于机场的候机楼管理。

（2）随机分配方式。对于一些规模较小的机场，由机场或第三方代理的航班值机服务，机场地面保障部门将根据航班计划进行预先分配和安排。

2. 安检服务调度计划

旅客人身及随身行李安全检查是保障飞行安全的重要环节，是每一个航班旅客登机前必须通过的法定程序。安检服务调度包括安检通道、安检设备和安检人员的计划安排。根据航班计划，需要对提供安检服务的通道、设备等进行安排，并对值班人员进行排班，以确保航班旅客安检工作的有效和有序进行。

3. 登机口调度计划

候机楼登机口（boarding gate）是为旅客上下飞机提供的专用通道。有些登机口能够通过廊桥（passenger bridge）连接近机位飞机舱门供旅客直接上下飞机；也有一些飞机因机坪紧张或因机型特殊不能使用廊桥，故而停放在远机位，上下飞机旅客通过机场的专用摆渡车运输，通过客梯上下飞机，这一类登机口位置通常较偏，或在候机楼的一楼（出发航班旅客服务通常分布在候机楼的二楼，一楼通常为到达航班），或在候机楼的指廊。

由于能够直接使用廊桥的机位必然对应一个登机口，因此，机位分配意味着同时确定了登机口。因此，当航班飞机停放机位发生调整时，登机口安排需要做同步调整。

4. 候机区分配计划

候机区分配主要是根据停机位调度计划和登机口安排计划，为旅客候机安排休息区域，使旅客尽可能靠近登机口候机，以方便登机。根据民航局的规定，候机区要能够保障高峰时段 70% 的旅客有座位并且每位旅客站立面积不小于 1 平方米。

在枢纽机场，需要充分考虑中转旅客的"下机登机口—中转手续办理区—上机登机口"三者之间的步行距离尽可能短，以便中转旅客有足够的时间办理中转手续和转机手续。因此，枢纽机场的旅客中转流程设计和候机区分配，要充分体现"旅客为先""无缝衔接"和"方便快捷"的服务宗旨。

图 4-12 为机场次日运行计划生成流程。

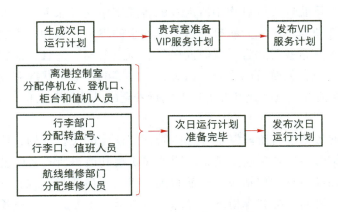

图 4-12　机场次日运行保障计划生成流程

第五节　航班运输生产的实施

经过航空公司、机场和空管等部门的周密计划和精心准备之后，航班计划将进入具体的组织实施阶段。

一、出港航班生产流程

航班运输生产的实施过程，就是将旅客和货物从出发机场运达目的地机场的具体实现过程，整个过程可以分为航班出港服务过程、空中运输飞行过程和航班进港服务过程等，如图 4-13 所示。

出发航班是航班运输生产任务中的重点，具体实施客货航空运送任务。如图 4-13 所示，为了出发航班进行充分准备，地面保障服务工作通常分为五大部分分别实施。

（一）机务调度

对于每一个航班，机务部门需要根据航班计划和飞机排班计划，按照机场运行指挥中心调度指令，在完成对飞机执飞前的例行检查后，将指定飞机牵引至指定停机位，供其他部门对飞机开展飞行前的各项保障服务工作，例如，飞机加油、加水；飞行员对飞机试车和飞行前的各项准备；装载餐食及其他机上用品；装载货物和行李等，并等候旅客登机。机务调度工作通常由基地航空公司的机务维修部门负责，在经停机场，机务工作通常委托机场或者其他基地航空公司代理，以节省航班运营成本。

（二）油料调度

油料供应部门根据飞行签派部门计算的本次航班飞机用油需求，对飞机进行加油服务。航班飞机的加油重量，由签派部门根据航班飞机性能、航程距离、航路气象条件、备降机场等因素进行计算，以保障航班飞机有足够的油料完成飞行任务。在中国，航空油料供应由国家授权的专业油料公司负责提供，属于特许经营范畴。

（三）航行调度

航行调度主要是航班飞行过程中所涉及的各项空中交通服务，涉及航空情报、通信导航、空中飞行管理等工作，为航班飞行提供安全的飞行环境和空中交通指挥。航空情报服务部门还负责发布航行通告，及时向机场、航空公司、空管、油料公司及民航管理部门等有关部门通报有关航行的设施、服务、程序等的设立、状况和变化情况，以及涉及航行安全的危险情况及其变化情况等影响航行安全的其他动态信息。

（四）签派飞行

签派部门根据签派准备阶段制定并经空管部门认定的飞行计划，依据民航及航空公司的相关规定，结合当前各项航空情报，对执飞机组和航班所具备的各项准备情况进行起飞前的最后评估和审核，包括飞机适航状况、机组成员及其组成、气象条件、航路状况、飞机油料、航班商务配载等情况，经综合审查后，签派人员与机长根据航班飞机飞行标准共同确定最终是否准许放行，以决定本次航班是否执行飞行运输任务。当班机长根据签派放行许可，执行本次飞行任务。

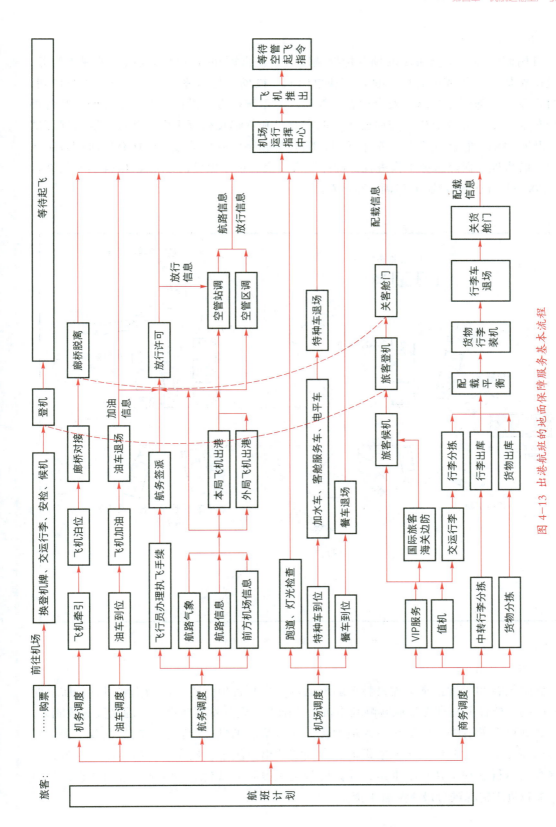

图 4-13 出港航班的地面保障服务基本流程

（五）机场调度

机场调度通常是指机场的场务指挥调度，负责指挥和协调机场地面各项保障服务，一般由机场运行指挥中心负责总调度和总协调。机场运行指挥中心根据航班飞行计划，及时指令相关部门进行跑道安全检查、助航灯光系统检查、机位调度、站坪服务与各种特种车辆调度、开放值机和安检服务、旅客登机和货邮装载等工作，并根据航班保障情况，及时协调空管和航空公司签派部门，随时掌握航班放行动态，以便有序协调各班次的出港航班地面保障服务工作进程，确保航班安全、正点出发，参见图4-14所示的波音777-200型飞机的站坪服务车辆分布示意图。

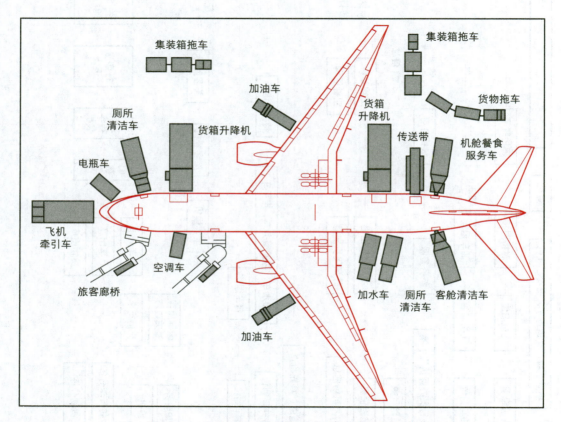

图 4-14　波音 777-200 型飞机站坪服务车辆分布

（六）商务调度

保障旅客和货物正常运输是整个航班运输飞行和各项保障工作的主要目标，航班商务调度的主要任务是在保证旅客顺利乘机的基础上，充分发挥航班飞机的最大业载能力，合理装载更多的货物，使航班收入最大化，并对航班飞机进行装载控制与配载平衡。航空公司商务部门需要根据航班值机信息中确定的出发旅客登机人数和中转旅客人数、出发旅客交运行李和中转行李重量，计算航班飞机腹舱可以载运的货邮重量和体积，并根据预配载货邮情况进行最终配载平衡。

所有地面保障服务都按要求完成并全部撤离现场，经现场检查确认之后（见表4-10），航班运行控制部门进入放行程序，请求出港航班放行。

表4-10　××航空公司出港航班保障服务检查清单（样本）

_____年___月___日　　　　　　　　　　　　　　　　　　指挥员：

机位	航班	机号	出港	机位	航班	机号	出港
飞机到位		开门		飞机到位		开门	
机组登机		乘务登机		机组登机		乘务登机	
客舱清洁		完成		客舱清洁		完成	
飞机加油		完成		飞机加油		完成	
食品装机		完成		食品装机		完成	
通知上客		旅客登机		通知上客		旅客登机	
国内客齐		国际客齐		国内客齐		国际客齐	
舱单		撤桥		舱单		撤桥	
货物装机		完成		货物装机		完成	
行李装机		完成		行李装机		完成	
机务到位		拖车到位		机务到位		拖车到位	
关机门		推滑出		关机门		推滑出	
延误原因				延误原因			

××航空公司　　　　　　　　　　　　　　　　　　编号：YK-020

二、进港航班生产流程

进港航班，即到达航班，其生产（即服务）的基本流程参见图4-15。进港航班通常分为两类，保障服务要求也有所区别。

一类是终点站到达航班，一种是当天航班任务结束返回基地的航班，或者是终点站到达但留场过夜第二天出发的航班，这两种航班到达后当天都没有后续航班任务，故对地面保障服务的时间要求相对宽松。

另一类是经停站到达航班，通常是经停过站航班，作短时间停留，供部分旅客和行李货邮上下飞机，其中可能有一部分旅客或者货邮属于中转性质。由于经停航班过站停留时间较短，因此对应的机场地面保障服务要求较高，不仅中转流程和中转手续简便快捷，而且供旅客换乘航班的交通要便捷。特别是枢纽机场，中转航班的保障服务能力和服务效率，是反映其保障水平的重要体现。

三、站坪服务

站坪服务主要围绕出港航班和进港航班的旅客上下飞机和货物装载或卸载服务。关于站坪服务，民航局有相应的管理要求。

（一）停机位管理

停机位管理是站坪服务中的一项重要内容。除根据机位基本分配和调度原则外，运行部门还需要根据航班具体运行情况对机位进行实时管理。

1. 进入机位前

在飞机进入指定机位前，机坪现场管理必须保证飞机能够安全进入机位。机位区域除负责飞机入位的指挥协调人员外，其他各类人员、车辆、设备、货物和行李均应位于规定的机位安全线区域外或机位作业等待区内；各类车辆和设备必须可靠制动或固定停放在规定位置；有液压装置的保障作业车辆或设备必须确保其液压装置处于回缩状态；保障作业车辆在等待时驾驶员应当随车等候；所有设备必须有人看守；廊桥活动端必须处于廊桥回位点；监视泊位引导系统运行正常；机位清洁卫生并保证没有任何障碍物等。此外，接机人员必须至少在飞机进入机位前 5 分钟，对机位的上述准备工作进行认真检查，确保机位的适应性。

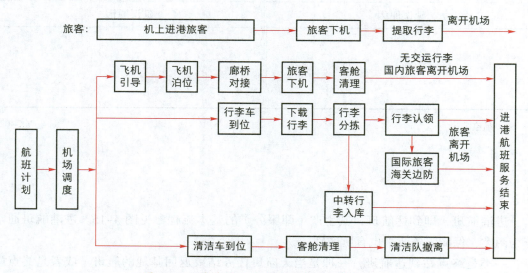

图 4-15　进港航班的地面保障服务基本流程

2. 进入机位过程中

在飞机进入机位过程中，任何车辆、人员应该保持原位，禁止在飞机与接机指挥人员之间穿行。在飞机安全泊位并且接到接机指挥人员的操作许可指令后，廊桥或客梯车、行李货物传送带车、货物升降平台车等保障服务车辆设备，方才可以与飞机对接或靠近或开始服务。

3. 进入机位后

在飞机泊位机坪接收保障服务期间，除必要的安全护卫之外，任何各类保障服务车辆和人员必须按照相应的管理规定，在规定的操作位置或工作区域范围内进行活动，包括与飞机保持的距离等，以确保飞机机身安全。

（二）机坪运行管理

飞机在机坪的任何活动，都有严格的管理规定，包括泊位、滑行、移动等，都必须严格服从和遵守空中交通管制员或机场管理机构的指令和指挥，依据相关规定进行操作。为确保飞机在机位安全泊位，根据规定，泊位期间飞机必须处于发动机关闭、防撞灯关闭、轮挡按规范放置及飞机刹车松开状态。当机场发生应急救援、航班大面积延误或长时间延误、特殊飞行保障、飞机故障等情况时，航空公司或其代理人必须服从机场管理机构的移机指令，将飞机移至指定位置。飞行员开动飞机滑行，必须经空中交通管制员或者飞行指挥员许可。飞机在滑行或者牵引时，必须按照规定的或空中交通管制员、飞行指挥员指定的路线行进。关于飞机在机坪机位试车和维修等操作、飞机除冰清洗等服务，民航管理部门均有明确的管理规定和具体要求。

（三）机坪车辆运行管理

机坪区域为航班提供保障服务的车辆不仅数量多，而且种类多，有飞机拖车、清水车、污水车、行李拖头车、行李传送车、货物升降车、加油车、空调车、电源车、气源车、机务工具车和通信设备维修车等。除登机桥外，还有机组人员和 VIP 用车、引导车、行李和货物拖车、旅客摆渡车、除冰车、机场指挥车、安全巡逻车及航空食品补给车等。为确保机坪安全、有序运行，机场管理机构对机坪区域的所有车辆及人员进行统一、严格和规范的管理和管制，包括车辆的进场控制、车辆作业管理等，以保障站坪各项服务工作有序、安全、协调地进行。

本 章 小 结

航班运输生产，犹如一场由几个演奏乐章多种乐器组成的大型交响乐演奏一样，在机场指挥中心的统一协调下，航空公司、机场、空管、油料、机场驻场单位等各部门按照航班计划和各部门的生产计划，通过周密而科学的组织，各司其职，共同保障安全、正点完成航空旅客和货邮的运输任务。

思 考 题

1. 什么是航线？

2. 什么是航路？ 航路与航线的区别是什么？

3. 旅客航段与飞行航段有什么区别？

4. 试述航班计划的作用。

5. 试述民航运输生产的基本过程和特点。

6. 试述飞机值机和配载的作用。

7. 在民航运输生产的组织过程中，为什么需要"计划先行"？

8. 机场的出港航班和进港航班保障有哪些不同之处？

9. 分别说明航空公司、机场和空管在民航运输生产中的基本作用。

10. 如何理解"民航运输生产工序多、生产线长、涉及的人为因素多"这句话的含义？

第五章　民航货物运输管理

学习目标

- **知识目标**

　　掌握民航货物运输生产涉及的相关基本概念和基本组织过程，重点掌握民航货物运输生产的计划制订方法、运输组织与实施流程、地面服务保障流程等知识，特别是危险品运输的相关法规、规范和标准。

- **能力目标**

　　具有参与民航货物运输的基本组织、生产计划制定和地面保障服务，以及危险品安全运输管理的能力。

- **素养目标**

　　使学生加深理解民航货物安全运输的重要性，培养学生高度的岗位责任心和社会责任感，深刻领会民航运输生产的社会服务性和集体生产性，进一步树立为大众服务的民航运输服务理念和团队协作精神。

民航货物运输（air cargo）是航空运输的重要组成部分。它借助于飞机这种现代交通运输工具，快速地运送货物和邮件，加快物资流通，成为现代社会经济建设的重要支柱之一。

第一节　基 本 概 念

民航货物运输包含除旅客之外的符合国家法律法规的所有物品的运输活动。民航货物运输不仅有定期和不定期的航空货运航班，而且还利用定期和不定期的客运航班进行货物运输。

民航货物运输服务通常分为三大类：普通意义上的货物运输（air freight）、邮件运输（air mail）和快递运输（air express）。

一、航空货物

航空货物通常是指需要通过航空运送的普通物品。由于航空运输成本远高于任何一种基于地面的运输方式，因此，航空货物主要是指时间要求高、不宜颠簸、容易受损的精密仪器设备，运送距离远的高科技产品，或体积小但价格贵的物品。

二、航空邮件

自从飞机问世以来，人类首先尝试的就是利用飞机运送邮件。航空邮件运输服务的出现，使人类的相互交流更加便捷。随着电子通信技术的发展，航空邮件市场受到前所未有的冲击，逐步被航空快递所取代。

三、航空快递

航空快递是民航货物运输市场竞争的产物。它除了像普通意义上的民航货物运输那样，还提供专门的快速递送上门服务。如前所述，随着民航运输市场的发展和竞争，航空邮件与航空快递、航空快递与航空货运等服务之间的差别越来越小。在以下的叙述中，如果没有特别说明，航空货运泛指除旅客运输以外的上述三类民航货物运输服务。

四、普通运输

普通运输是指对民航货物运输没有特殊要求，通过航空方式将货物送达目的地的运输服务，绝大多数航空货物运输属于这一类。

五、急件运输

急件运输是指货物托运人要求以最早的航班或在限定的期限内将货物尽快运达目的地的运输服务。这种方式的航空货物运送业务需要承运人同意才能受理。当然，运费要比普通运输高。

六、特种运输

特种运输是指需要进行特殊处理的航空货物，如鲜活易腐物品、动物、贵重物品、危险品等货物的运输服务。

七、包机运输

货物托运人包用整架飞机的吨位运送货物，这种方式称为包机运输。

八、包舱运输

货物托运人或货主包用飞机的部分吨位（货舱）运送货物，这种方式称为包舱运输。

九、货主押运

由于货物的性质特殊，需要货主在运输过程中，派有专人随机监护运送，这种方式称为货主押运。

至于采用什么运输方式，承运人与货物托运人或货主之间必须达成运输协议，包括运价，才能交运或受理。

第二节   民航货物运输的组织与生产

民航货物运输组织与生产的任务，就是承运人按照货运单上标注的发运日期和航班要求，组织运力将承运的货物航空运达目的地。

民航货物运输组织和生产过程大致分为出港货物服务流程、空中运输和进港货物服务流程三个阶段，参见图5-1。

一、货运生产计划

航空公司制定货运生产计划，旨在开拓市场、发挥运力效能、提高企业运营效益。根据先前的民航货运市场调查和预测结果，确定本公司的市场目标和市场份额。在此基础上，航空公司制定出货物运输生产计划，包括运力计划、运输量计划、周转量计划、收入计划、综合计划等。

（一）运力计划

运力计划是在市场调查和预测的基础上，根据公司可用飞机和机组情况、预期市场目标和市场份额，规划将投入的航线、机型、航班数，也就是规划航线的可提供吨位。换言之，航空公司销售部门需要在公司运力和市场之间做一种动态平衡。那就是，将公司运力作为市场销售任务目标，寻求足够的市场需求，以充分发挥公司的运力效能；另外，需要根据市场销售态势，确定是否需要调整公司运力，如市场兴旺时通过租赁飞机增加运力，而当市场萧条时通过转租飞机减少公司运力负担。这些工作的基础，都是前期的市场营销所做的工作，以保障航班运力。

对于经营全货机的航空公司来说，可以直接根据市场需求情况安排货机的航线和航班；对于经营混装型飞机的航空公司来说，就必须综合考虑客运和货运的需求。目前中国的航空公司主要是利用客机的货舱载货，货运的航线和航班通常受客运的限制。在无法开设专门货运航线和全货航班的情况下，航空公司就必须合理安排机型，提高航班载运效率和航班效益。

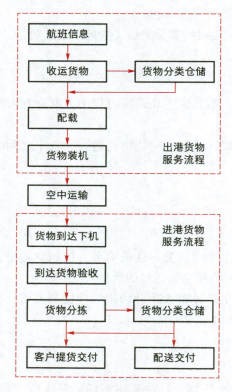

图 5-1　民航货物运输的流程

（二）运输量计划

运输量计划是根据市场需求量预测、航空公司可提供吨位和历史生产完成情况等，计划公司在每条航线上的运输量及总运输量。民航货运量通常用重量单位"吨"表示。运输量计划的目的，同样是为了安排运力和市场销售。

（三）周转量计划

周转量计划就是根据航线航班计划和运输量计划，制定每条航线的运输周转量计划和总周转量计划，也就是航线的运输计划。

货运周转量的计算通常采用以下方法。

$$货运周转量＝运输总周转量－旅客换算周转量 \qquad (5-1)$$

或者：

$$货运周转量＝运输总吨位 × 收费运输距离 \qquad (5-2)$$

（四）收入计划

（货运）收入计划有时也被称为发运收入计划，是航空公司货运的主要收入预算，也是编制货运财务计划的主要依据之一。制定收入计划通常有如下两种方法。

1. 根据周转量制定

$$货物运输收入＝货运周转量（吨千米）× 单价（元／吨千米） \qquad (5-3)$$

2. 根据运输量计划和运输费率制定

$$航线货运收入＝航线货物运输量 × 运输费率 \qquad (5-4)$$

根据以上方法计算的各航线货运收入之和，即为航空公司计划期间的货运收入计划。

二、出港货运航班组织

民航货运市场销售部门接收的交运货物，根据航班计划在机场进行出港航班的组织实施。航空公司的外地市场通常委托航线机场或第三方服务商提供代理服务。

出港货运航班组织是一个严密的生产过程，有严格的工序控制和定时要求，涉及部门多，需要统一组织协调、密切合作、共同完成。

图 5-2 所示为航空货物的收运过程。机场或航空公司运行部门将根据航班计划，通过"货物收运"环节，对托运人交运的货物进行验收，包括准运货物种类查验、包装检查、安全检查、体积丈量和重量计量、航空保险和收费等，并制作货运单，正式接受托运人交运的货物。货物收运后进入仓库分类仓储，等候安排航班运输。航空公司或机场货运部门根据航班计划和航班动态信息、旅客航班或全货运航班飞机可用业载能力与货舱空间大小、货物体积、货物件数和货物重量、货物类型、货物包装方式等因素，对可用货舱进行配载和吨位控制。托运货物根据可用舱位的空间形态和载重要求进行货物组板与预配载。

图 5-3 所示为出港航班货物处理流程。机场货运部门根据航班计划和客户预订舱位情况进行货物装机。通常，预订舱位的货物优先装运。最终根据实际装机的货物制定舱单。

航空货物运输通常有如下两种方式。

（一）全货机方式运输

采用全货机方式运输时，货物的组织、吨位控制和配载过程相对比较单一。配载控制的要素主要有货物体积（不得超高超长）、形状（易于固定）、货物重量（不得超重）等，如图5-4所示。表5-1为部分民航货运飞机参数。

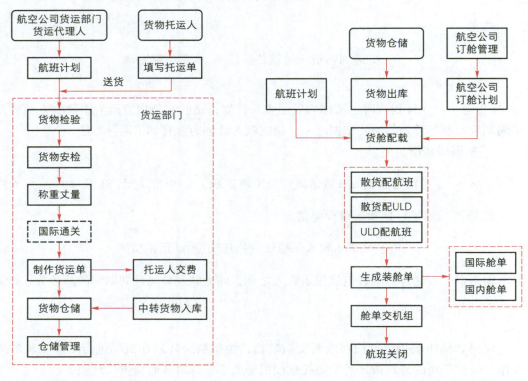

图 5-2　航空货物收运流程　　　　　图 5-3　出港航班货物处理流程

图 5-4　装载车厢的全货机

表 5-1 部分民航货物运输飞机货舱参数

机型	前货舱				中/散货舱				后货舱			
	舱门尺寸/米	最大载重量/千克	可用体积/立方米	地板最大承受力/千克每平方米	舱门尺寸/米	最大载重量/千克	可用体积/立方米	地板最大承受力/千克每平方米	舱门尺寸/米	最大载重量/千克	可用体积/立方米	地板最大承受力/千克每平方米
B737-300	121×88	2488	10.47	732					121×78	2721	14.28	732
B737-500	121×88	2488	10.47	732					121×78	2721	14.28	732
B757-200	107×139	426	17.69	732	111×139	4509	20.41	732	81×121	2476	6.62	732
B767-300	340×170	20411	88.27	976	96×110	2794	12	732	178×170	17574	80.15	976
B777-200	269×170	30617	126.97	976	91×114	4082	21.18	732	269×170	22226	96.36	976
A320	123×182	3402	13.28	732					123×182	3607	14.38	732

（二）客货混装方式运输

客货混装运输，就是在旅客航班飞机的腹舱装载货物，是民航运输企业充分利用航班运力提高航班收益的一种重要方式，也是最为常用的一种航空货物运输方式。由于旅客航班必须首先考虑运送乘客和旅客交运的行李，因此货运吨位控制和配载要在保证客运的基础之上进行。首先必须根据乘客人数和座位分布情况，按照飞机腹舱空间分布和可用舱位情况，以及机型配载的技术要求，进行货物重量配置和位置控制，在保证飞机飞行平稳和安全的前提下充分提高飞机的载运率。

（三）出港货物的基本服务流程

如图 5-1 和图 5-2 所示，民航货运出港服务的基本流程涉及：市场销售、委托运输、审核单证、预配舱、预订舱、接受单证、填制货运单、验收货物、标记和标签、配舱、订舱、出口报关、出仓单、提板箱、装板箱、签单、交接发运、航班跟踪、信息服务、费用结算等。涉及的单据有：托运书、发票、装箱单、报关单、外汇核销单、出口许可证、商检证、进料／来料加工核销本、索赔／返修协议、到付保函、关封等。

三、进港货运航班服务

民航进港货物，一类是民航货物运输目的地到港，另一类是中转货物。与民航旅客运输的最大区别在于，航班旅客具有自主行为能力，能够根据掌握的航班信息和要求，主动配合完成相关的民航服务。例如，到港航班旅客（在领取行李之后）会自行离开机场。而民航货运到港货物则不同，如图 5-1 和图 5-3 所示，需要组织货物卸载、货物验收、国际货物通关和商检、货物分拣仓储或中转，最后货物交付或配送等工作。对于中转货物，还需要组织安排后续航班运输。

四、民航货运生产指标

民航货运生产质量控制和效益管理有一系列的考核指标。

（一）货运生产效益指标

货运生产效益指标体系主要用来衡量货物运输生产效率和经济效益。

（1）货物发运量。反映运输量的指标，为发运货物总重量之和。

（2）货舱利用率。反映飞机货舱的利用情况。

$$货舱利用率 = 实际载运货物吨数／货舱最大业载$$

（3）货运周转量。反映运量和运输距离的指标。

$$货邮行李周转量（吨公里）= 货物（邮件、行李）重量 \times 运输距离$$

（4）发运收入。民航运输企业货物运输的总收入指标。

（5）运输利润。它是指货物运输收入扣除成本（包括代理费、运输费用等）以后的净收入。这一指标能真正反映民航运输企业的效益情况。

（二）货运生产质量指标

这一类指标用于反映和衡量货物运输生产的质量情况。

（1）货运损失赔偿率。反映货运服务质量。

$$货运损失赔偿率=\frac{D_{paid}}{D_{made}}\times100\%$$ （5-5）

式中，D_{paid} 为赔偿金额，D_{made} 为总收入。

（2）货损率。反映货运生产过程中的货物损坏情况。

$$货损率=\frac{F_{bad}}{F_{tonne}}\times100\%$$ （5-6）

式中，F_{bad} 为货物损坏吨（件）数；F_{tonne} 为货物运输总吨（件）数。

（3）货差率。反映货运生产过程中的货物丢失情况。

$$货差率=\frac{F_{wrong}}{F_{tonne}}\times100\%$$ （5-7）

式中，F_{wrong} 为货物差错吨（件）数；F_{tonne} 为货物运输总吨（件）数。

第三节　危险品航空运输

什么是危险品？广义地说，危险品就是指在航空运输（包括地面部分的运输）过程中能够"对健康、安全、财产或环境产生危害或危险的物品或物质"。换言之，凡是在装卸、运输或保管过程中，存在爆炸、燃烧、腐蚀、放射性和毒害危险与可能的物品，都属于危险品范畴。历史的经验和教训告诉我们，加强对危险品的运输管理，有利于保障人民的生命财产安全和社会稳定。

关于危险品的航空运输生产与管理，国际民航组织、国际航空运输协会、世界各国政府与民航管理部门都制定了一系列法令法规，具体规定了危险品运输限制、运输规则和安全保障措施；各授权危险品运输的航空公司都必须制定严格而详细的危险品运输操作规程。

一、危险品的特征

迄今为止，人类所使用的物品有 60 多万种，每年有 3 000 多种新物品出现。在这些物品之中，还不包括可以通过化学方法生成的新型化合物。据统计，具有危害或潜在危害的物品就有 30 000 多种。

危险品运输是一项非常复杂的工作，涉及许多法令法规和操作规程。这里仅对航空危险货物在航空运输过程中涉及的一些基本知识进行简要的介绍。从事航空危险品运输的任何民航运输企业和人员，都必须经过严格培训，获得资质认可后才能从事危险品运输业务。

那么，从技术方面来看，如何鉴别危险品呢？归纳起来，构成危险品必须具有以下三要素。

（一）具有直接危害性的物品特性

物品本身具有直接危害性，如有毒、易燃、易爆、放射、腐蚀等，对周围的人或物能够造成直接伤害。这一类特性属于物品的有害特性，是构成危险品的内在性先决条件。

（二）外界环境影响诱发危害

物品本身具有潜在的危害性，在外界条件或环境影响下，能够产生危害，在运输过程中需要特殊的外界防护措施。例如，某些物品在受到光、热、摩擦、震动或撞击等外界影响后，对物品本身和周围环境会产生危害作用。这一类物品特性反映了危险品产生危害作用的外界诱因。

（三）对危害物品采取特别防护措施

在装卸、运输和保管过程中，需要对危险物品采取如下特别措施进行防护。

（1）改变危害物品的化学成分，如添加某些其他物质，使之在外界条件作用下不易产生危害。

（2）严格控制外界温度。

（3）进行特殊包装。例如，对放射性、腐蚀性物质等进行特殊包装。

需要特别说明的是，易碎、易损、易丢失物品不属于危险品范畴。

二、危险品的分类

根据《国际民航公约》附件 18、2013 年中国民用航空局令第 216 号《中国民用航空危险品运输管理规定》（CCAR – 276 – R1）、国际民航组织 2013 — 2014 版《危险物品安全航空运输技术细则》、中国《危险货物品名表》标准，危险品可以分为如下九大类。

（1）爆炸物品。

（2）压缩、液化或加压溶解的气体。

（3）易燃固态物品。

（4）易燃液态物品。

（5）放射性物品。

（6）腐蚀性物品。

（7）毒害性和感染性物品。

（8）氧化剂和有机过氧化物。

（9）其他具有危险性的物品。

因此，在装运和保管过程中，必须根据危险货物的特性和防护要求，严格执行操作规程，既要提供优质的航空运输服务，又要保障人民的生命财产安全。

三、有关危险品航空运输的限制

需要特别说明的是，不是所有的危险品只要符合航空运输的装运条件就可以运输。

根据国际和国内关于危险品运输的限制条件，有些危险品是禁止通过航空进行运输的，有些危险品则需满足一些限制条件才能进行航空运输。

（一）禁止航空运输的危险品

凡是在正常运输条件下容易发生爆炸、危险反应、着火或产生危险热量、或放出有毒、腐蚀、易燃气体或蒸气的物品和物质，在何种情况下都被禁止航空运输。

根据规定，虽然某些物品或物质的特征属于被禁止航空运输，如有感染性的活体动物，在经有关国家批准签署豁免后，方可进行航空运输。

任何禁止航空运输的危险品，不得以任何方式进入航空器，如旅客随身行李携带、交运行李夹带、航空邮寄、隐匿或篡改物品名称等。

（二）限制航空运输的危险品

有些物品或者物质的特征属于危险品范畴，但是在规定的数量范围内采取规范的包装，则允许航空运输。

有些危险品只能由货运飞机运输，不得进入旅客航班飞机。

四、危险品运输管理

（一）管理机构

危险品航空运输管理是一项国际性组织行为。目前，从事危险品航空运输管理的专门机构和组织有如下几个。

（1）联合国专家委员会（The UN Committee of Experts，COE）。

（2）国际原子能机构（The International Atomic Organization，IAEA）。

（3）国际民航组织。

（4）国际航空运输协会。

中国政府十分重视危险品运输管理。根据 2013 年中国民用航空局令第 216 号《中国民用航空危险品运输管理规定》（CCAR – 276 – R1），"中国民用航空局依据职责对全国危险品航空运输活动实施监督管理，中国民用航空地区管理局依据职责对辖区内的危险品航空运输活动实施监督管理"。该《规定》同时还明确了危险品托运人和危险品航空运输经营人的责任。

（二）相关文件

关于危险品航空运输管理，国际性民航管理机构及中国政府先后制定了一系列文件，主要有如下方面。

（1）《国际民用航空公约》附件 18《危险物品的安全航空运输（2011 年 7 月第四版）》（以下简称"附件 18"）。

（2）国际民航组织《危险物品安全航空运输技术细则》（2013—2014 年版）。

（3）国际航空运输协会《危险货物运输规则》。

（4）中华人民共和国国家标准，《危险货物品名表》（GB 12268—2012）。

（5）中华人民共和国国家标准，《危险货物分类和品名编号》（GB 6944—2012）。

（6）中华人民共和国国家标准，《危险货物运输包装通用技术条件》（GB 12463—2009）。

（7）中华人民共和国国家标准，《放射性物质安全运输规程》（GB 11806—2019）。

《中华人民共和国刑法》中也有具体条款，对危险品运输过程中的违法行为处罚作出了具体说明。

通过上述相关法令法规，对允许从事危险品航空运输的托运人和承运人必须具备的资质、条件、法律责任、运输数量、防护措施、操作规范、运输、管理和培训等，作出了明确要求、规定和限制。

五、危险品收运管理

在进行危险货物接收、保管和装运过程中，有关人员必须严格执行危险品航空运输的相关规定和有关操作规程。在接收交运危险货物过程中，航空危险品收运管理流程如图5-5所示。

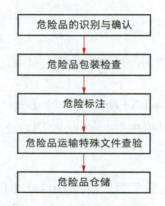

图5-5 航空危险品收运管理流程

（一）危险品的识别与确认

危险品的识别与确认工作主要包括以下内容。

（1）对于允许通过航空运输的危险货物，托运人必须按照规定出具有关部门的准运审批文件。

（2）确认危险品的类别和危险程度。

（3）确认是否具备交运条件。

（二）危险品包装检查

在确认危险品后，按照危险品的分类和危险程度，对其进行特殊包装处理，使之符合航空运输要求，如在温度、湿度、气压和振动等外界条件发生变化的情况下，保证不产生任何危险或危害。

危险品包装必须符合包装规范。包装方式有单独包装和混合包装。包装类型有限定数量包装、国际规范包装和其他规范包装。放射性危险品的包装与标识如图5-6所示。

（三）危险品标识

按照国际和有关标准填写或标注航空危险品的名称、编号。在危险品包装外部的显著位置上，按标准和规定粘贴相应的危险品标识，如图5-7～图5-9所示。

图5-6　放射性危险品的包装及标识

图5-7　易爆类危险品标识　　图5-8　易燃液态危险品标识　　图5-9　放射性危险品标识

（四）危险品运输特殊文件查验

特殊文件是指危险货物航空运输必须具备的有关文件，包括危险品准运审批文件、经营者（或承运人）与危险货物托运人的有关合同等。通过查验这些特殊文件，确保危险货物运输合法，手续齐备，文件规范、完整，内容明确、清晰。

（五）危险品仓储

在接收查验合格的交运危险品后，必须按照危险品操作规程进行搬运，并在指定的危险品仓库的指定位置分类妥善保管。

有关危险品航空运输的具体管理规范和具体操作要求，详见相关文件。

第四节　物　　流

你在互联网上有过购物经历吧，那是一种在网上订购、付款和在家收货的便利性体验。这个过程的背后支持就是"物流"。

那么，何谓"物流"（logistics）？根据《物流术语》（GB/T 18354—2021）的定义，物流是"根据实际需要，将运输、储存、装卸、搬运、包装、流通加工、配送、信息处理和结算等功能有机结合，使物品从供应地向接收地进行实体流动的过程"。

一、物流的基本生产环节

物流从采购物品开始到收到物品，全程通常经历以下几个环节的服务（如图 5-10）。

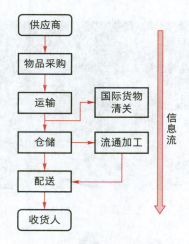

图 5-10　物流服务基本流程

（一）采购

采购是货物流通的开始。采购是组织或个人（即物流定义中的实体）订购或购买材料或商品等物品的过程，物品是流通的主体。正由于物品需要流通，需要满足采购者实现物品运送的要求，才产生了物流业这一社会性服务业。物流企业采购，实质上就是招揽货源、开拓市场。

（二）运输

运输是物流的基本功能，按照货主或客户的要求，将货物或者物品从指定的地方运至目的地。就民航而言，就是传统的民航货运，负责两个机场之间的货物运输。在现代物流中，需要从运输时间或运输成本出发，采用的运输工具具有多样性，可以是汽车、火车、轮船或飞机，也可能是多种交通工具的组合运用，即综合运输。运输环节除实现物品运送之外，还有运输方式和运输工具的调度，如采用什么运输方式（是空运、铁路运输，还是海运），采用什么运输路线，或采用什么运输工具（货运飞机、旅客航班、大型货车还是小面包车）等。

（三）仓储

仓储是物流中的一个环节，主要是临时保管和保存有待运送的货物。

需要进行仓储的货物或物品主要有如下几类。

（1）中转货物。一些无法直接运达目的地或者送达收货人的货物，需要转换交通方式或运输工具，如海运货物与地面运输的转驳，火车与汽车运输的驳接等，中间都可能需要临时仓储。

（2）集中配送货物。为了降低成本，将同一目的地的零散货物通过临时仓储汇集成批量再运送。

（3）等候发送货物。某些方向的运输具有周期性，即班期，如航班飞机、轮船、汽车的班期等，往往货物并不能够随收随发，需要等候至班期或班次才能运输，因此需要对货物临时妥善储存。

仓储的主要任务除了货物保管、保存外，还有库存控制。

（四）配送

配送包括货物的搬运、分拨，最终送达客户。配送的另一大任务是规划货物配送的路径，即哪些货物分拨到哪一个服务点，或途径哪一条路线最经济送达收货人。

对于一些零售企业或加工企业，配送是连锁业物流的一种基本功能。通过物流配送，使连锁经营的各分支销售机构统一采购、统一配货、统一价格，提供安全可靠、高效率的配送体系，有利于提高企业的市场规模和经营效益，以及提升企业的竞争力。

（五）信息服务

物流最大的特点之一是以计算机网络为基础的全程配套信息服务。货物从采购到送达客户的整个过程全部采用信息化管理，包括物品计划、采购、运输过程货物行踪，直至货物送达签收，甚至货物送达后的损坏赔偿等善后事项处理信息，使得发货人和收货人在货物流通的每一个环节都能随时掌握货物的动态状况。这就是物流信息管理系统。此外，通过条码技术（bar code）或射频识别（radio frequency identification，RFID）等手段，采集货物或物品信息；通过电子数据交换（electronic data interchange，EDI）技术按国际标准对物流信息进行传递和交换；通过地理信息系统（geographic information system，GIS）对货物行踪和当前位置进行跟踪。

因此，物流全程离不开信息服务，没有信息服务，就不可能实现物流。信息技术特别是移动通信技术的普及，使得物流服务更加自动化、网络化和智能化，这也是现代物流最明显的特征。

（六）流通加工

流通加工是物品在从生产地到使用地的过程中，根据需要进行再加工、包装、分割、计量、分拣、刷标志、贴标签、组装甚至包括清关等作业的总称。

这里以手机制造业为例。手机制造商根据手机样机的设计要求，对手机所需的各种零部件按照技术要求分别进行采购，从全国甚至全球采购的各种零部件通过物流系统运至某一工业园区的手机制造厂进行组装，组装的手机经过测试后包装，再根据手机销售商的要求发往世界各地。这是最典型的物流运行过程，其中包括了再加工全过程，乃至形成最终产品所需要的全部工作，这也是物流业所产生的一些增值服务。

二、物流与航空货运的关联性

物流管理强调运用系统方法解决问题。现代物流通常被认为是以满足客户需求为目标，由运输、储存、包装、装卸、流通加工、配送和信息诸环节构成的一个整体运作过程，是货物运送一条龙服务或一揽子服务或"门到门"服务的过程。这个过程，融合了社会上多方面的服务资源，不仅方便了客户，而且产生一系列的增值服务，如就业、信息、产品、市场、金融等领域的服务。

与物流相比，传统意义上的货运或者航空货运，重点在运送工具和运送路径的选择，以及运输过程管理。某种意义上来说，航空货运仅仅是现代物流中的一部分内容。

本 章 小 结

本章介绍了民航货运相关的基本概念，简要介绍了民航货运的分类方法；介绍了民航货运生产组织和实施的基本过程；介绍了危险品航空运输的基本管理方法，包括危险品的辨识、储运、标识标注和运输许可文件；介绍了现代物流的基本概念，并与航空货运的概念进行了比较。

思 考 题

1. 民航货运市场的特点是什么？
2. 如何对航空货物进行分类？
3. 试述民航货运生产的基本过程。
4. 民航货运和旅客运输有何区别？
5. 如何界定危险品？
6. 如何对危险品的航空运输进行管理？
7. 试述中国民航货运业的发展前景。
8. 物流的特点是什么？
9. 航空货运与物流的关系及区别是什么？

第六章　民航运输安全管理

学习目标

- **知识目标**

掌握有关民航安全及其管理的相关基本概念和基础知识、民航安全风险分析与防控方法、民航"安全管理体系"的基本思想和基本内容，以及航空安全保卫的相关基础知识。

- **能力目标**

能够掌握民航安全风险分析和防控，以及航空安全保卫的基本方法，具备运用民航安全管理知识对民航运输生产环节进行安全风险管控的能力。

- **素养目标**

使学生牢固树立安全意识，牢记习近平总书记提出的"两个绝对安全"。安全是一个永恒主题，是保障一切社会经济活动的基础，深刻领会安全关系社会民生和国家安全的重要意义，培养自觉遵守安全管理法律法规的高度社会责任感。

安全是民航运输业的一个永恒的主题。随着民航运输业的蓬勃发展，世界航空安全形势也面临着越来越严峻的考验，不仅有伴随民航运输量增加而产生的航空安全问题，还有越来越恶化的国际政治环境、不断滋生的恐怖活动给民航安全带来的新风险。为此，世界各国从法规、组织、管理、技术和资金等方面不断加大投入，以保障航空运输的安全。中国民航业要深入学习贯彻习近平总书记关于民航安全的重要指示批示精神，推动加强和改进民航安全管理，牢牢守住航空安全底线，坚决把确保"两个绝对安全"落在实处。

<h2 style="text-align:center">第一节　基 本 概 念</h2>

民航运输业在全球经济发展过程中发挥着越来越不可替代的重要作用，航空安全则是保障民航高效、环保、可持续发展的基本前提。航空安全管理的目的在于，通过有组织的系统性安全管理，尽可能减少或消除不安全因素，预防和减少事故的发生，尽可能减少民航运输过程中由于事故所造成的人身伤害或财产损失。

一、航空安全

为了理解航空安全管理方面的相关知识，首先介绍与航空安全相关的基本概念。

（一）安全

一般认为，安全（safety）是一种平安而没有危险的状态，没有任何来自有意或无意的差错或事故而产生的危害、伤害、损害、破坏、损坏或损失。

国际民航组织认为："安全是一种状态，即通过持续的危险识别和风险管理过程，将人员伤害或财产损失的风险降低并保持在可以接受的水平或其以下"。因为人们很难做到没有任何风险的安全，只要风险在可控范围之内并降低到不危及人体伤害与财产损失的程度，就是一种可以接受的状态。根据美国联邦航空管理局（Federal Aviation Administration，FAA）的观点，所谓安全，是一种免受不可接受风险影响的状态，这种风险有一个可以度量的目标，例如，每百万飞行小时的事故率或人员死亡率低于某一可接受的数值。根据上述观点，航空运输飞行必须安全，但仍有可能存在风险，但这些风险必须在可控范围和可接受水平之内。对于旅客而言，则希望百分之百的安全，这就是公众企求与行业能力的差距。随着全球航空安全整体水平的稳步提高，人们对飞行安全的信心越来越高，民航运输业也随之更加稳步地持续发展。

（二）航空安全

航空安全（aviation safety）通常是指运用民用航空器从事航空运输所涉及的与安全相关的所有活动，包括航空器安全、航空公司运行安全、空中交通及航行服务安全、机场运行安全、航空安全立法与管理、航空事故调查及相关安全培训等，通过这些活动的共同努力，为航空旅客或货物运输提供一个平安无忧的空中交通环境。

（三）系统安全

民航安全是以民航运输飞行安全为核心的一项极其复杂的系统性工程。飞行安全涉及人、设备、技术、管理和环境等诸多因素，需要从民航运输系统的整体角度，根据各部分、各环节、各阶段的工作特点和安全风险，对系统进行全面的安全管理。专家认为，事故的出现并不是偶然的，一定有滋生事故的危险因素存在。

系统安全（system safety）旨在运用系统工程管理思想、标准和技术，使得在系统生命周期内所有阶段可能出现的任何意外风险都在可接受水平之内，都在系统运行效果、系统适应性、时间和成本的限制范围之内。换言之，系统安全是指一个系统在其生命周期内它的所有组成部件的安全。

（四）风险

风险（risk）是指某一特定危险情况发生的可能性和危及安全的严重性，用于评价或评估发生危险的概率和危害程度。FAA认为，风险是可预见严重后果或潜在危险程度的综合状况。任何与安全相关的事情都与风险有关，风险是安全的对立面。换言之，风险涉及两方面的问题，一是出现不安全后果的可能性或概率，二是出现不安全事件后其后果的严重程度。因此，风险不仅需要定性描述，而且需要量化评估。

（五）可接受的安全水平

如前所述，没有绝对的安全，安全只是把风险或事故率降低到一个可以容忍或能够接受的程度，即可以接受的安全水平（as low as reasonably practicable，ALARP）之内。由于航空安全反映了一个国家对行业管理的整体水平，因此，可接受的安全水平应由国家行业主管部门根据现有安全基础来确定。可接受的安全水平也反映一个国家行业管理或行业监督部门、民航运输企业或服务提供方的安全目标，是行业监管部门或机构对民航运输企业或服务提供方的安全绩效（safety performance）或安全管理水平的考核依据和考核指标。

（六）危险

危险（hazard）是一种可能导致伤害或疾病、财产损失、工作环境破坏或这些情况组合的根源或状态。FAA认为，危险是一种现实或潜在的不安全因素，可能导致伤害、疾病、人员死亡、财产损失或系统损害、对环境的不良影响或者破坏，是导致事故的前因。根据国际民航组织的定义，"危险是指一种状态，存在产生人员伤害、设备损坏、财产损失、能力丧失的潜在可能"。换言之，危险是指事物处于一种不安全状态，有可能导致事故、损害或损失等之类的事件发生，是滋生事故的根源。

（七）不安全事件

不安全事件是指民用航空器飞行事故、民用航空地面事故、民用航空器飞行事故征候，以及虽未构成飞行事故、事故征候，但影响或可能影响飞行安全的事件。

二、航空事故

（一）事故征候

《国际民用航空公约》附件13认为，事故征候（incident，occurrence）并不是事故本身，而是与航空器的操作或使用有关，是一些会影响或可能会影响飞行安全的事件。国际民航组织《安全管理手册》认为，事故征候是事故的前兆。这种导致或可能导致事故的情况称为事件。

关于地面和飞行中的事故征候性质界定，中国民航管理部门和国家市场监督管理总局分别颁布了相关标准。

（二）严重事故征候

《国际民用航空公约》附件 13 认为，严重事故征候（serious incident）是指那些表明几乎会发生事故的现象，如在被关闭或占用的跑道上进行的与障碍物间隔微小的起飞、机组在飞行中丧失工作能力、需要飞行员宣布紧急状态的燃料储量、未达跑道着陆、冲出跑道或冲出跑道边沿等现象，都属于严重事故征候。

事故与事故征候之间的区别仅仅在于后者还没有产生结果，但是已经出现可能导致事故的征兆。因此，通过预防或提前发现事故征候，是减少和避免事故发生的重要措施。

（三）事故

事故（accident）通常是指已经造成死亡、疾病、伤害、损坏或其他损失的意外情况。

根据《国际民用航空公约》附件 13 的定义：航空飞行事故（flight accident）是指从飞机飞行开始，到飞机上所有人离开飞机为止，此间任何与飞机相关的运行行为所产生的人员伤亡或重大财产损失。例如，飞机上的任何人员死亡或重伤；由于直接接触飞机的任何部分造成死亡或重伤，包括因飞机机件掉落所造成的伤害，飞机喷射气流造成的死亡或重伤；由于飞机遭到损坏或结构失效极其严重地影响了飞机结构强度、性能或特性，需要大量修护或受损机件更换；航空器失踪或处于完全无法接近的地方，等等，都属于事故。

FAA 关于飞行事故的定义是：意外发生的事件，并导致伤害、死亡或损失。

中国民航局将民航事故分为如下三大类。

1. 民用航空器飞行事故

民用航空器飞行事故是指在公共航空运输过程中任何人自登上航空器准备飞行时起，直至到达目的地点离开航空器时为止的期间内，发生的与该航空器运行有关并导致人员受伤或死亡的事故。根据事故伤亡和财产损失程度，中国民航将事故分为以下 3 个等级。

（1）特别重大事故（fatal accident），死亡人数在 40 人及以上或航空器失踪。

（2）重大事故（serious accidents），死亡人数在 39 人及以下、航空器严重损坏或迫降在无法运出的地方（最大起飞重量 5.7 吨及以下的航空器除外），或航空器失踪，机上人员在 39 人及以下。

（3）一般事故（accident），重伤人数在 10 人及以上，或最大起飞重量 5.7 吨（含）以下的航空器严重损坏或迫降在无法运出的地方，或最大起飞重量 5.7～50 吨（含）的航空器一般损坏并修复费用超过事故当时同型或同类可比新航空器价格的 10%（含）者，或最大起飞重量 50 吨以上的航空器一般损坏并修复费用超过事故当时同型或同类可比新航空器价格的 5%（含）者。

2. 民用航空地面事故

民用航空地面事故是指在机场活动区内发生航空器、车辆、设备、设施损坏，造成直接经济损失人民币 30 万元（含）以上或导致人员重伤、死亡的事件。

3. 其他不安全事件

其他不安全事件是指航空器运行过程中发生的影响或可能影响航空安全，但其程度尚未构成航空器飞行事故征候和航空地面事故的事件。

在安全管理实践中，哪些危险属于可忽略、可容忍或不可容忍的范畴，需要民航管理部门根据行业安全水平和实际能力，制定具体的安全管理目标。

（四）航空器飞行事故的分类

根据航空器性质和影响程度，《国家处置民用航空器飞行事故应急预案》将航空器在飞行过程中发生的事故分为以下几类。

（1）民用航空器特别重大飞行事故。

（2）民用航空器执行专机任务发生飞行事故。

（3）民用航空器飞行事故死亡人员中有国际、国内重要旅客。

（4）军用航空器与民用航空器发生空中相撞事故。

（5）外国民用航空器在中国境内发生飞行事故，并造成人员死亡。

（6）由中国运营人使用的民用航空器在中国境外发生飞行事故，并造成人员死亡。

（7）民用航空器发生爆炸、空中解体、坠机等，造成重要地面设施巨大损失，并对设施使用、环境保护、公众安全、社会稳定等造成巨大影响。

为便于对民用航空器飞行事故的应急响应和组织救援，根据事故的可控性、严重程度和影响范围，《国家处置民用航空器飞行事故应急预案》将民用航空器飞行事故分为 4 个等级。

Ⅰ级飞行事故：当发生民用航空器特别重大飞行事故，造成死亡人数在 40 人及以上或航空器失踪。

Ⅱ级飞行事故：当民用航空器发生重大飞行事故，造成死亡或失踪人数在 39 人及以下，或航空器严重损坏或迫降在无法运出的地方（最大起飞重量 5.7 吨及以下的航空器除外）或航空器失踪，或民用航空器在运行过程中发生严重的不正常紧急事件，可能导致重大以上飞行事故的发生，或可能对重要地面设施、环境保护、公众安全、社会稳定等造成重大影响或损失。

Ⅲ级飞行事故：当民用航空器发生较大飞行事故，或民用航空器在运行过程中发生严重不正常紧急事件，可能导致较大以上飞行事故的发生，或可能对地面设施、环境保护、公众安全、社会稳定等造成较大影响或损失。

Ⅳ级飞行事故：民用航空器发生一般飞行事故，或者民用航空器在运行过程中发生严重的不正常紧急事件，可能导致一般以上飞行事故发生，或可能对地面设施、环境保护、公众安全、社会稳定等造成一定影响或损失。

三、航空安全保卫

航空安全保卫（aviation security，简称安保），属于航空安全的范畴，但是产生危险的致因则不同。当涉及人为攻击或蓄意实施破坏等可能危害生命或财产安全的情况时，通常使用"security"一词，属于"安全保卫"的范围，如公安部（Ministry of Public Security）、国家安全部（Ministry of State Security）、美国的国土安全部（Department of Homeland Security）、旅客或者货物安全检查（security check）等，都是防范敌意或恶意破坏行为，属于航空安全保卫的工作内容。《国际民用航空公约》附件17中关于"安保"的界定是，"保护民用航空器免遭扰乱行为或者非法干扰行为"，这一目标需由各项措施、人力和物力资源的综合效应加以实现，诸如民航旅客和货物的安全检查、飞机护卫、机场各进出通道守卫、航班飞机上的安全保卫等，都属于防范非法干扰行为发生的安全保卫工作范畴，以防止任何损坏、破坏或劫持飞机的犯罪行为的发生。所谓扰乱行为，是指在飞机上不遵守行为规范，或不听从机组人员的指示，从而扰乱飞机上正常秩序和纪律的行为。所谓非法干扰行为，通常是指诸如危害民用航空和航空运输安全的行为或未遂行为，如非法劫持飞机，劫持或扣留飞机上或机场内的人质，强行闯入飞机、机场或航空设施场所，为犯罪目的携带武器或危险装置进入飞机或机场，散布危害航空器、机场或民航设施场所内人员安全的虚假信息等行为。

第二节　民航安全管理体系

一般概念下的民航安全管理体系与目前国际民航组织推进实施的民航安全管理体系（safety management system，SMS）是两个不完全相同的概念。本节将重点介绍民航安全管理体系的概念和实施方法。

一、基于系统安全的安全管理理念

实践证明，消除或者降低风险，不仅需要消除直接风险源，而且必须同时消除滋生风险的环境或间接源；不仅要对设备、人员、组织管理和环境等方面降低风险（见图6-1所示的5M模型），更需要从航空运输系统的整体安全观念出发加强管理；不仅需要"积极预防"，而且需要"综合管理"，通过航空利益相关者各方共同的安全保障，从国际民航组织到国家、组织和行业安全管理，从政策法规到岗位规程手册，从航空安全管理立法到标准制定规范实施与审计督查，从航空器设计制造到操作维修，从航空公司、机场、空中交通服务等一线单位的生产组织到具体岗位人员的实际操作，从管理决策者到基层工作人员，从专业人员的选拔到岗位培训，从生产运行管理到运行环境保障，构建一个基于系统安全理念、能够全面提升民航安全水平的安全管理体系。

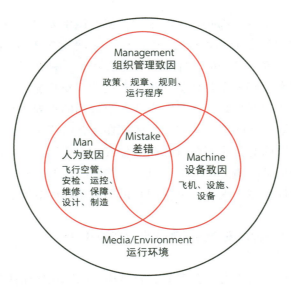

图 6-1　事故致因与"系统安全"概念的 5M 模型

二、民航安全管理体系的基本要素

民航安全管理体系是一种有组织地进行民航安全管理的系统方法，包括必要的安全管理组织机构、责任分明的职责与问责机制、有效的安全管理政策与规章、科学的安全评估方法与安全审计程序（procedures），持续增强的风险识别和风险处置能力，确保能够达到并能够继续保持可接受的安全水平。通过系统性的组织与管理，以风险预防为主，对与航空运输活动相关的每一个管理和生产环节进行风险识别，并对每一个可能出现的风险或潜在的不安全因素提出有组织的和有效的处理预案，建立安全信息收集、分析、交换与共享机制，形成风险联防体系，最大限度地减少风险出现的可能性和降低风险的危害性，使航空运输系统的整体安全性不断得到提高。根据质量管理观点，民航安全管理体系实质上是一个航空安全质量管理保障体系，是一个基于质量管理体系原则的动态风险管理模式。因此，民航企业建立和实施安全管理体系，在企业内部建立对安全进行监督、评估、审核的长效机制，促进企业安全管理持续改进，有利于稳步提升企业安全水平。根据《国际民用航空公约》附件和国际民航组织《安全管理手册》关于民航安全管理体系的目的与功能要求，民航安全管理体系应该具备以下几个基本要素。

（一）安全文化

有效的安全管理必须要有企业的"安全文化"。

什么是安全文化？"态度决定思路，过程决定结果，细节决定成败"。安全文化是对待安全的一种态度，是企业的每一位员工都应该具有的一种安全意识，是一种坚持"安全第一"的行为意识，始终贯穿于企业所有活动过程之中的风险意识，时刻认识到可能存在安全威胁的危机意识，一切行为都必须符合安全要求的责任意识，任何一部分的安全都属于系统安全的整体意识，以及不断提高安全水平的持续安全意识。安全文化是一种正义文化，它使每一位员工都必须能够了解差错、识别差错、不容许出现差错，能够清楚地认识哪些是可以接受或不可以接受的行为，哪些是有利于或不利于安全的行为，并且都有一种对不利于安全行为的是非观。安全文化是一种学习文化，每一位员工都能够自觉坚持不断学习和了解安全管理新知识、新技术、新技能，及时掌握安全新动向和新举措。安全文化是构建安全管理体系、实现安全目标的重要思想基础，是企业和员工对待安全的态度及采取行动的综合体现，它体现在完备的安全管理组织、健全的安全管理政策与规章制度、明确的企业安全目标和岗位安全责任制、科学的生产流程与安全报告程序、充分的安全信息收集分析与共享机制、严明的领导问责机制、合理的安全评估方法与透明的安全审计程序、重视安全管理知识学习的培训制度、注重持续安全能力的发展战略。

因此，安全文化是一种以安全为灵魂的企业精神和氛围。

（二）安全管理组织

安全管理组织是负责实施安全管理的必要机构，国际民航组织虽然对民航安全管理体系的组织没有给出明确规定和统一结构模式，但是对建立安全管理组织的必要性及其应当担负的使命与责任提出了明确的要求。

根据《国际民用航空公约》附件和国际民航组织《安全管理手册》，以及中国民航安全管理相关规定的精神，民航企业领导机构是安全管理体系的第一责任组织，担负本企业的安全管理和责任。企业领导机构必须根据符合国家、行业主管部门的相关要求和企业特点，负责制定本企业长期、近期和年度安全目标、安全管理的相关政策和规章、具体的阶段安全绩效量化指标、具体实施计划与措施、落实全员安全责任制。企业必须建立安全管理问责制，法人代表就是企业安全的第一责任人。第一责任人对安全管理的态度，将决定企业安全管理政策和措施能否贯彻及企业安全目标能否实现。具体负责企业安全管理的企业负责人，负责组织和管理企业日常生产安全：组织建立与实施安全管理体系；定期监督和审核企业安全；定期组织企业安全形势会议，对危险源进行识别和风险评估，落实安全措施；组织和管理安全教育培训、安全监督与审核、研究和改进安全管理等工作。企业内部需要建立专门的安全管理委员会，具体负责组织实施企业安全管理、安全信息收集与分析、生产安全监督与风险识别。在一些大的民航企业，如航空集团公司、机场管理集团等下属的航空公司或机场公司内部，通常设立专门的安全管理机构，根据集团安全管理委员会的统一部署和要求，负责本公司的民航安全管理体系的建设工作。图6-2所示为中国民航安全管理体系的基本组织结构与职责。

（三）安全管理政策与法规

制定配套的安全管理政策和法规，以便明确企业安全管理宗旨，确立安全管理基本理念和行动准则。民航企业在系统学习国家法律、法规、规章、规范性文件和标准的基础上，需要结合行业和企业安全基础与现状，制定本企业的符合国家法律、法规和行业规章、规范与标准的安全管理政策和相关规章制度，是建设民航安全管理体系、实现安全管理目标的行动依据和行为规范。国际民航组织《安全管理手册》鼓励民航企业建立高于国家或行业法律、法规、规章、规范性文件和标准的安全管理规范。企业安全管理政策和规章制度制定并按程序审核批准后，以企业管理机构法定代表人的名义发布并传达至全体员工，企业安全管理机构和相关职能部门将制定具体的措施，推进安全政策的贯彻落实。

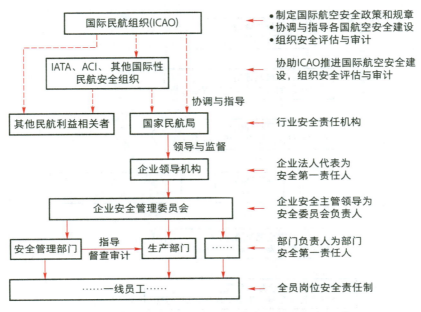

图 6-2　民航安全管理体系的基本组织结构与职责

企业安全管理政策和规章制度包括加强安全基础设施建设政策、加强安全管理建设的资金和人力投入政策、安全责任制的考核和奖惩机制、保障安全运行的规章规范和标准、促进企业安全文化发展的政策、突发事件响应机制、安全责任追究制度、定期安全评估监督审核制度、企业员工安全知识学习与培训制度等。企业安全管理政策和规章制度应有利于调动员工的安全生产积极性，有利于推进企业安全管理体系的建设和发展，其内容根据安全形势进行调整，与时俱进，推动企业持续安全发展。

（四）风险管理机制

建立安全风险管理机制是建设民航安全管理体系的重要内容之一，是实施"预防为主，综合治理"安全管理方针的关键环节。安全风险管理是对民航企业生产和管理的每一环节进行风险识别、风险危险性分析和制定排除风险或将风险危险性降低至可接受程度的风险防范过程，风险管理流程如图 6-3 所示。通过风险识别与分析，提出风险处置方案。风险识别不仅需要能够预先发现风险，而且要能够分析和掌握风险的特征，更重要的是要能够发现产生风险的根源，即危险源，并予以消除，从根本上预防安全风险。通过风险识别，加强安全信息交换，以便及时调整与完善企业安全管理政策和规章制度，有利于提高企业整体风险防范能力，推进企业持久安全建设。

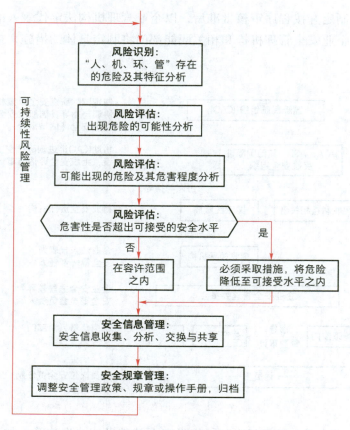

图 6-3　风险管理流程

（五）安全审计机制

安全审计是一种有组织、有计划对民航企业生产安全管理的各项政策、规章及具体实施措施与效果进行检查和评估，检查企业安全管理工作是否符合国家法律、法规、行业规章、规范和标准的各项要求，是否有效运行并促进实现安全目标，对安全绩效进行评估的过程。特别对那些在风险识别阶段已经发现的危险及其危险源，以及提出的防范与整改措施是否贯彻落实，落实效果情况等，更需要重点检查。安全审计人员通过深入一线，调查、访谈、查阅安全文档和安全信息，对企业安全管理及安全绩效进行客观评价，肯定成绩，发现安全管理的薄弱环节，制定整改措施，监督检查整改情况和整改效果。通过审计这种监督和督促作用，不断促使企业安全管理工作的持续改进。

安全审计通常分为内部审计和外部审计。

1. 内部审计

内部审计通常是由企业内部组织的定期安全检查与评估，也是企业安全监督的重要措施之一，根据各职能部门及各个岗位职责、安全要求、安全目标及安全绩效等指标进行审查，并落实限期整改措施。内部安全审计的实现需要确定审核计划和审核内容，制定具体的审计方式和方法，对审计过程中发现的风险和不利于安全的行为必须确定具体整改措施和整改计划，并撰写和提交审核报告，同时进行安全信息管理与文字材料归档管理，重要的是，安全审计之后监督整改措施的落实情况和整改效果，确保安全审计工作的监督和督促推进作用。

2. 外部审计

外部审计是国际性民航组织（国际民航组织或国际航空运输协会）或国家的行业主管部门组织的审计。2004 年 10 月，国际民航组织决定于 2005 年 1 月 1 日开始采用全面系统审计方法，对各成员国与安全相关的所有领域采用系统化程序和方法进行监督和审计，从整体角度对一个国家的航空安全监督体系及其效能与航空活动安全水平进行全面评估。全面系统审计方法重点对各成员国安全监督体系的关键方面进行审计，包括：基本航空立法、具体运行规章、国家民用航空安全体系监督职能、技术人员的资格和培训、安全方面的关键资料、执照审批机制、监察义务、安全问题处置能力及遵守国际民航组织标准和建议措施的情况。2009 年 5 月，国际民航组织航行委员会决定采用持续监测的方式继续开展普遍安全监督审计计划。所谓持续监测的方式，是指建立一个系统，以安全风险管理为基础，持续监测各成员国的安全监督能力，采取协调一致的方法评价其航空活动的安全水平，评估其安全管理能力，旨在通过一系列的强制性的定期的安全审计工作，建立一种提升国家安全管理水平的长效机制，以提高世界各国航空安全水平，实现国际民航组织的"全球航空安全"目标。

中国民航局从 2006 年起开始对航空公司、机场、空管等单位进行安全审计，审计周期通常为 5 年。

（六）安全信息收集、分析与共享机制

建设民航安全管理体系的主要内容之一是有关安全方面的信息管理，包括安全信息的收集、分析、交换与共享机制等。这一机制的目的在于，对发现或已经查明原因的危险及其危险源、消除危险所采取的措施及其效果等信息，通过收集、整理、分析归档后，一方面可以作为应对类似危险的参考借鉴，另一方面进行分析归类统计，以便研究危险产生的规律或机理，从技术或者管理上进行整改，消除危险源，提高安全性。安全信息交换与共享机制有利于民航企业之间交流安全管理经验，从更广的范围学习和借鉴类似危险的处理经验，提高安全管理水平。

从信息来源分，有企业内部安全信息和企业外部安全信息；从信息性质分，安全信息有一线生产安全信息和安全管理信息；从报告信息性质分，有强制报告信息、定期报告信息、自愿报告信息、运行类信息、通知类信息、整改类信息、监察报告信息及其他信息等。

建立安全信息管理与交换机制，需要构建畅通的信息渠道和收集与管理安全信息的信息管理平台，为不安全事件调查、安全监督与审核、风险管理等安全活动提供信息支持和辅助决策，实现信息共享，促进安全管理体系建设，避免和减少事故的发生。

（七）安全教育与培训制度

安全教育与培训是建设民航安全管理体系的关键内容之一，国际民航组织与国际航空运输协会的有关安全管理计划，以及《中华人民共和国安全生产法》《生产经营单位安全培训规定》和《民用航空安全培训规定》等，都十分重视安全教育和培训工作，这是

提高安全保障能力和保障民航持续安全的重要措施之一。通过培训和学习，提高企业员工，特别是企业管理者的安全素养，强化安全生产的法制观念和意识，推动企业安全文化建设，提高安全生产和安全管理能力，促进企业安全管理水平的不断提升。

根据中国民航安全管理体系建设的要求，民航企业法定代表人、企业的各级主要负责人、安全生产管理人员及全体员工都必须接受安全教育和培训，企业的安全管理专职人员必须经过专门培训并认证合格后持证上岗。通过对新员工的岗前培训和在职员工的定期或不定期培训，使一线人员掌握必备的安全生产常识和知识，培养安全生产意识，并及时了解安全新形势和新动态，更新安全管理新观念和新思想，学习安全管理新知识、新技术和新技能，营造企业安全文化氛围，以不断提高安全管理水平，实现企业持续安全目标。这种教育和培训需要建立一种保障制度，使之有计划、有目标、有组织、有考核地进行规范化管理，并提供必要的经费和专门人员负责实施。

第三节　中国民航安全管理体系

习近平总书记对民航安全工作提出了"两个绝对安全"：一是确保航空运行绝对安全；二是确保人民生命绝对安全。我国民用航空安全管理应当坚持安全第一、预防为主、综合治理的工作方针。从 2007 年开始，中国大规模地在航空公司、机场和空管等一线生产单位实施民航安全管理体系建设工作，实施中国民航持续安全发展战略，其目标是全行业安全基础不断完善，安全保障能力持续增强，总体安全水平持续提高，并始终保持在国家、社会和公众可接受的航空安全水平之上。据民航局发布的统计数据，截至 2020年，我国民航运输飞行每百万飞行小时重大事故率 5 年滚动平均值为 0，好于安全目标（世界同期重大事故率 5 年滚动平均值为 0.088）；生产经营性通用航空每万飞行小时死亡事故率 0.052，好于安全目标。

一、民航安全管理组织体系

必要与合理的组织体系是制定、监督和实施各项民航安全管理政策与措施的重要保障。根据中国目前现行的管理体制，民航运输生产安全从三大口径加强安全管理：一是政府行政口，二是行业口，三是企业自身，如图 6-4 所示。

（一）政府对民航安全的管理及职责

中国政府设有如下专门负责监督和管理生产安全的机构。

1. 国务院安全生产委员会

国务院安全生产委员会是由国务院直属部委及机关等 30 多个单位组成的组织，在国务院的直接领导下，旨在加强对全国安全生产工作的统一领导，促进安全生产形势的稳定好转，保护国家财产和人民生命安全。其主要作用是：在国务院的领导下，负责研究部署、指导协调全国安全生产工作；研究提出全国安全生产工作的重大方针政策；分析全国安全生产形势，研究解决安全生产工作中的重大问题；必要时协调部队和武警总部调集部队参加特大生产安全事故应急救援工作；完成国务院交办的其他安全生产工作。国务院安全生产委员会实际上是一个多部位联合协调会商机制，具体日常事务处理为国务院安全生产委员会办公室。具体的生产安全监督工作，由应急管理部实施。

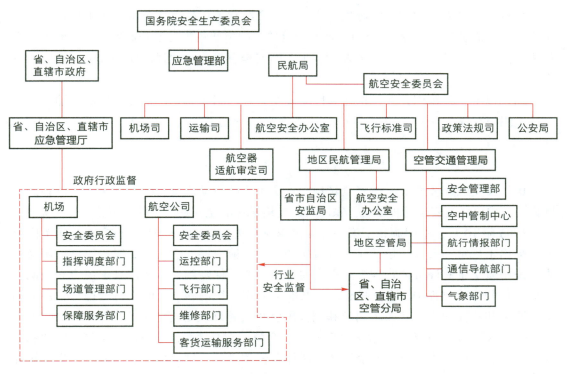

图 6-4　中国民航安全管理组织结构图

2. 应急管理部

2023 年 3 月 10 日，十四届全国人大一次会议表决通过了关于国务院机构改革方案的决定，撤销原来的"国际安全生产监督管理总局"等部门，成立应急管理部。

国家应急管理部的职能之一，就是负责指导和监督全国安全生产，各省市自治区政府及其下属政府都设立相应机构，负责监督辖区内企事业单位的安全生产。作为企业的航空公司和机场，必须接受属地政府对企业安全生产的相应行政管理和监督。

（二）行业对民航安全的管理及职责

民航局作为国家主管民航的行业管理机构，其主要职责之一就是"承担民航飞行安全和地面安全监管责任"。

民航局具体负责行业安全管理的最高机构是航空安全委员会，由民航局、直属司局及民航地区管理局、航空公司、机场等民航单位的领导和安全管理机构负责人组成，旨在加强对民航安全生产工作的领导，对各运输企业和部门执行安全法规的情况进行监督、检查与指导，对违反安全生产法规的行为、危及生产安全的人员和设备行使处理权。民航局航空安全委员会的具体办事机构为民航局航空安全办公室。对应于民航局航空安全委员会，各民航地区管理局设有安全管理办公室，并设有省、自治区、直辖市民航安全监督管理局作为民航安全管理的派出机构，加强行业对辖区内航空公司、机场等民航单位的安全生产监督与管理，监督民航企业对安全管理法规的实施与落实。

（三）企业对民航安全的管理

根据《中华人民共和国安全生产法》，"生产经营单位的主要负责人对本单位的安全生产工作全面负责"，各航空公司、生产经营单位的主要负责人是企业安全生产的第一责任人。因此，通过民航企业负责人对本企业的安全管理，来加强民航一线生产单位的安全工作。

通过以上三条组织路线，构建起民航安全管理的组织体系，加强对民航运输生产安全的组织与领导。

二、民航安全法规体系

民航安全法规体系是民航安全管理和安全生产的行动准则。随着国家法规体系的不断完善，中国民航安全管理法规体系随着民航运输业的蓬勃发展也随之不断建设和完善。

1995 年 10 月，中国颁布了第一部《民用航空法》，其中对涉及飞行安全的相关内容分别提出了规定和要求，包括航空人员执照管理、航空器适航管理、民用机场使用与管理、民用航空企业许可证管理、空中交通管理和航行保障等，从法律高度规定和强调了运输飞行和保障过程中"人、机、环"及航空公司、机场和空管的运行管理等各环节的安全职责和法律责任，从而为制定和完善民航相关管理规定奠定了法律基础。2002 年 6 月 29 日，第九届全国人民代表大会常务委员会第二十八次会议通过的《中华人民共和国安全生产法》进一步重申了安全生产的法律责任和义务。这两部大法的颁布，为民航安全管理奠定了重要的法律基础。

为了加强民航运输安全管理，作为民航行业主管部门的民航局，以民航运输安全为中心，从空管、航班运行、航空公司、机场等生产相关领域几大方面加强法规体系建设。

第四节　民航安全管理基础

民航安全管理是一门科学，已经形成具有行业特点的理论体系。

一、风险分析方法

以下介绍几种常用的安全风险分析基本方法。

（一）Reason 模型分析法

普遍认为，一个事故的发生往往不是一个偶然的事件，而是由于"人、机、环、管"等环节出现的事故征候中某一致命因素（fital factor）酿成的必然结果。这些未被发现的事故征候形成事件链（chain of incidents），如果这个链能够被及时切断，那么就可能不会演变成事故。1990 年，英国曼彻斯特大学教授 James Reason 把这一现象描述为瑞士奶酪模型（Swiss cheese model，亦称 Reason 模型）。他认为：事故的发生不仅是因为存在一个事件本身的反应链，而且同时也存在一个具有管理缺陷的组织，事故诱发因素和组织管理缺陷长期存在并不断演化，一旦事故诱发因素透过存在缺陷的各组织层，最终便酿成事故，如图 6-5 所示。这种现象正如中国古话所说的，"小洞不补，大洞吃苦""冰冻三尺，非一日之寒"。因此，Reason 模型分析法又被称为事故链分析法。

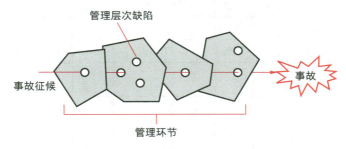

图 6-5　Reason 模型分析法

Reason 模型表明，系统安全需要同时加强各个环节的安全管理、风险分析与控制，才能有效切断事故链和有效降低事故发生的可能性，这也符合系统安全的管理理论。

事实也证明了这一理论。震惊世界的"9·11"事件是一个典型的航空安全管理严重缺失的事件链案例：如果当年美国的情报机关事先能够从已经发现的可疑迹象中认识到存在恐怖袭击阴谋的可能性，如果恐怖分子在登机的 3 个机场（波士顿、纽瓦克、华盛顿杜勒斯机场）中的任何一个机场被安检部门发现携带作案工具登机，那些恐怖分子对美国政府的仇恨就不会变成数千无辜平民百姓的灾难。从机场安全管理角度看，"9·11"事件充分反映了当时的美国机场安检疏于管理的现象不仅是个别机场，而是多个机场，可见当年美国航空安全管理的松懈程度之严重。

（二）事故借鉴分析法

事故借鉴分析法（accident/incident analysis）的指导思想是，根据已经发生过的事故、事件或危险等案例、经验或教训，针对类似的运行环节或者操作步骤，事先分析可能存在的危险或风险，并采取相应的对策和预案，预防类似事件的发生。事实上，在整个航空发展史上出现的诸多技术革新、新型设备、先进技术或安全管理方法等，都是借鉴过去的成功经验和血的教训而不断提高和发展的，正如中国的古训所说："吃一堑长一智"和"前车之鉴，后事之师"。

（三）运行阶段分析法

根据统计分析，航空运输飞行在从起飞到降落的整个飞行过程中，在不同的飞行阶段，发生飞行事故的概率不同，图 6-6 是波音公司根据航空事故统计分析的结果。民航安全专家认为，飞行安全应该根据飞行过程的不同阶段来分析风险，制定相应的有效措施进行针对性预防。

实际上，运行阶段分析法（analysis by phase of flight）就是运用了事故借鉴分析法的思想，根据以往在不同飞行阶段出现的事故和已经查明的事故原因，针对不同飞行阶段提前采取对策进行风险防范。从图6-6可见,在飞机起飞阶段和着陆阶段出现飞行事故的概率比较高。因此,这两个阶段的飞机操控应该是飞行员平时训练的重点科目和内容,也是飞行过程中必须格外高度关注的重点。

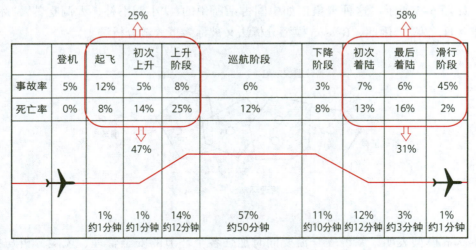

	登机	起飞	初次上升	上升阶段	巡航阶段	下降阶段	初次着陆	最后着陆	滑行阶段
事故率	5%	12%	5%	8%	6%	3%	7%	6%	45%
死亡率	0%	8%	14%	25%	12%	8%	13%	16%	2%
		1% 约1分钟	1% 约1分钟	14% 约12分钟	57% 约50分钟	11% 约10分钟	12% 约12分钟	3% 约3分钟	1% 约1分钟

图6-6 飞机航行全程事故阶段分布

(四)分类统计法

分类统计法也是用于分析事故或安全风险的常用方法之一。该方法根据已经查明的事故或者事故征候原因数据进行分类统计,能够从致因比例中发现主要原因作为风险防范重点。

例如,图6-7中反映了2006—2010年期间中国民航事故征候原因所占比例的情况。不难看出,在此期间中国民航事故征候的主要原因来自天气和自然灾害等外在原因,其次是机械和机组原因。因此,有关部门应该根据上述原因采取应对措施。

除了以上几种方法之外,还有概率统计法、数据挖掘分析法等。

二、风险控制方法

风险分析以及风险评估的目的在于"以预防为主",通过事先发现风险,并采取一系列的有效措施,以控制风险、减少风险或消除风险,使风险的危害性降低到可接受水平之内,甚至最低水平。基于这样的指导思想,在安全管理中,风险控制尤为重要。

(一)风险控制的基本流程

风险控制通常分为五大步骤。

1. 风险识别与确认

首先,需要对"人、机、环、管"各环节中可能存在的风险进行分析、识别和论证确认,查清和核实风险来源,以便从消除风险源入手实现风险控制或消除。这是能否实现以"预防为主"提高安全水平的第一个重要环节。

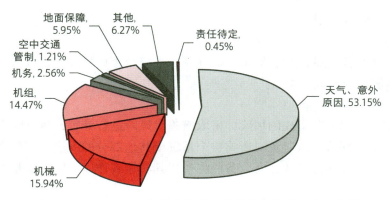

图 6-7　2006—2010 年期间中国民航事故征候原因比例分布

2. 选择风险控制措施

根据确认的风险及其风险源，分析其特征和类型，以此为依据选择具有针对性的风险处置方法或防范措施。换言之，在构建民航安全管理系统的过程中，每一个运行或管理环节都要建立风险控制机制，根据确认的风险和选择的应对措施制定风险处置预案。

3. 落实安全责任

对于每一个运行或管理岗位，都需要根据岗位安全风险处置预案要求，对每一位员工落实岗位安全责任，相应的安全保障措施和政策也要同时落实到人。

4. 风险控制过程督查

风险控制的效果能否达到预期目标，关键在于每一位员工在日常工作中能否落实预先制定的风险防范方案，除了员工本身必须发挥主动积极作用之外，还必须有一套完备的风险控制督查机制，加强对风险控制措施落实情况的监督检查。

5. 风险控制结果评估

对风险控制的效果如何，需要定期进行评估和总结，以便对风险控制过程中各阶段的工作进行完善，以提高风险控制效果，实现持续安全。

类似图 6-3 所示的风险管理流程，风险控制过程也是一个闭环控制系统，通过不断的持续改进，不断提高风险控制效果，是一个螺旋盘升式的 PDCA 循序渐进的提升过程。

（二）风险控制策略

由于风险的类别不同，可能产生的危害性也不同，因而为提高安全水平需要付出的代价或成本也不同。之所以提出"将风险危害降低至可接受的安全水平之内"作为制定安全目标的基本原则，就在于不仅需要考虑安全，而且需要考虑安全成本，以及基于现有安全基础实现安全目标的可能性。因此，风险控制需要根据具体的生产或者管理环节及风险危害性采取不同的控制策略。

1. 风险防范

"预防为主"是风险控制的首选策略，这是航空发展史上无数血的代价换来的经验和教训，也是风险控制中成本最低的方法。建立民航安全管理体系的目的就是建立以"预防为主"的安全管理机制。

2. 风险缓解

对于一些不可避免的风险，则采取措施减少不安全事件的发生，或者少发生，或降低风险的危害程度或者危害规模。

3. 风险隔离

对于可能在局部环节出现的风险，采取措施对风险进行处置，将风险产生的影响局限在有限的空间或环节，以避免对影响整个系统或其他部分的安全。有些系统可以提供冗余备份，一旦某一部件失效，冗余备件将替代其功能或作用，以减少整个系统失效的可能性。

4. 风险规避

对于一些危害性远远大于利益的风险，即风险超出可接受的安全水平，则避免与之相关的任何任务、操作或行动。

三、人为因素控制

能否实现安全，关键在于人。人在生产和管理中能够创造性地控制风险，但也可能因为人自身的可变性或不确定性产生的差错而导致风险。表 6-1 为 2006—2010 年期间中国民航事故征候和其他不安全事件致因分类统计年均占比，其中事故征候致因中机组、地面保障、机务和空中交通管理等占总数年均为 24.19%，其他不安全事件致因中机械、机组、地面保障、机务和空中交通管理等占总数年均为 50.48%。显而易见，人为因素在航空安全管理的可控因素中是第一重要因素。

（一）人为差错因素

从人为差错的本质来看，是人从意识、视觉、听觉、精神、心理、到行为的一个演变过程。如果这个过程中的任何一个环节出现扰动，就可能产生行为差错。导致人产生差错的原因很多，但可以从两大方面来分析。

表 6-1 2006—2010 年中国民航安全风险统计

引起原因	事故征候年均占比	其他不安全事件年均占比
天气、意外原因	53.15%	18.46%
机械	15.94%	32.07%
机组	14.47%	7.23%
机务	2.56%	1.83%
空中交通管理	1.21%	1.23%
地面保障	5.95%	8.12%
其他	6.27%	28.85%
责任待定	0.45%	1.99%

续表

引起原因	事故征候年均占比	其他不安全事件年均占比
空中航行管理	0.00%	0.15%
民航航务管理	0.00%	0.07%
合计	100.00%	100.00%

1. 人的自身原因

从人的自身原因分析，产生差错可能因为：

（1）身体因素。人的身体因素主要包括执行所承担工作的身体能力，如智力、体力、身高、语言表达能力、视力和听力等器质性健康状况。

（2）生理因素。人的生理因素主要影响人体内在机能的正常发挥和对外界事物感知的能力，如肺活量，对颜色的分辨能力，对疾病的抵抗力，对烟草、药物或酒精的敏感度，耐力等。

（3）心理因素。人的心理因素主要是指人对客观物质世界的主观反应，是人在社会活动中通过各种感官对外部世界的认识而产生的一种精神效果，如喜怒哀乐或者心理准备等。例如，通过学习或者培训、知识积累与工作经历等，对事物的认识能力、判断能力、适应能力、态度、信心等。

（4）社会心理因素。人是社会中的一员，当受到来自社会的某种影响后产生的心理反应，如人际关系、劳资关系、雇佣关系、家庭关系、婚姻关系，以及职务变动、岗位变动、社会政策、社会环境等对人的精神和行为所产生的影响作用。

2. 人的外在原因

人的行为差错除了来自人自身原因之外，也可能来自诸多外部影响因素，例如：

（1）组织因素。在安排人员实施某项具体工作过程中，管理者或组织者对执行任务的人员安排、设备设施安排、计划安排、时间安排或者分工等存在不当、不合理、不规范或不科学，因此，在实际执行中可能诱发差错。例如，长期安排加班，致使飞行员休息不足，可能导致飞行员在飞行驾驶过程中对出现的突发情况时处置不及时而产生差错。

（2）计划因素。由于计划不周或不当引起的差错。如航班计划安排过密，导致机组加班过多而疲劳，可能会诱发飞行安全问题；规章、规则或者手册文字含糊不清、不规范、不周到，导致执行者理解有歧义，或不理解，引起执行差错。

（3）理解因素。由于交流或规则的表述不够直接、不简明扼要、不清晰、用语或计量单位不规范等，引起执行者对交流内容或规则的理解产生错误或歧义，故而产生执行差错。

（4）执行因素。执行差错有两种情况，一种情况是正确的规则执行错了，可能是由于技术能力、注意力不集中、操作不熟练不果断、没有经验、记忆不清或感知与判断等方面原因，没有正确执行规则或操作而产生差错；第二种情况是错误的规则被完全执行了，这可能是由于执行者没有经验、对规则没有真正理解、规则记忆不清、对正确与错误的细微差异不能正确分辨或者觉察、绝对的不假思索执行规则等原因，导致对错误的规则不能正确分辨，并继续执行而产生差错。

（5）环境因素。由于外部其他因素，如设备或信息差错导致执行者产生错误判断而执行出现差错。

3. 差错与违规

差错不同于违规，虽然都属于人为因素产生的不安全行为，但其致因动机不同。产生差错的行为通常是无意中产生了意外结果，而违规则是明知故犯，有意偏离程序、标准或规章，存在主观因素。

（二）人为差错控制

人为差错控制通常采用以下策略。

1. 预防为主

避免差错或减少差错最经济的办法就是预防差错，"安全关口前移"。民航安全管理体系的建设，重点就是突出人在生产或管理各个环节中的关键作用，通过各种有效措施预防、避免或减少出现差错的可能性。至于违规现象的预防，关键在于对人的选择和配套的监督机制。

2. 发现和捕获差错

一旦差错不可避免地要出现或已经出现时，必须采取积极防范措施，将差错控制在萌芽中，使差错不能产生负面影响，或使负面影响降到最低程度。当发现差错已经发生或存在时，不仅需要控制和消除差错，而且要消除差错源，从源头消除差错致因。因此，在民航安全管理体系中，不仅需要制定如何预防差错或不安全事件发生的预案，而且需要制定一旦不安全事件或差错发生时如何处置的预案。

3. 容错机制

容错机制也是应对差错的一种策略和措施，即系统的某些部分增加备份功能（亦称冗余功能），以备一旦发生差错或故障时，启用备件，使差错不产生负面影响，或使负面影响程度降低到能够承受限度范围内。

（三）人的因素控制

人在安全管理中的作用和地位非常重要，特别是直接影响安全的关键岗位人员的选拔和使用，是提高民航安全水平的首要措施之一。

1. 人员选择与培训

飞行员、空中交通管制员、签派员、机务维修工程师、机场运行指挥员等与航班运行控制直接相关的岗位人员选拔、使用和培养，以及生产和管理岗位人员的任用和培训，是民航安全生产的重要基础工作，直接关系能否具备岗位要求、实现岗位安全目标。例如，随着民航运输业的快速发展，航空公司对飞行员的需求急剧增加。挑选和培养飞行员不仅对思想品德、身体健康、文化知识、综合素质等方面有着极其严格的要求，更重要的是对他们进行综合、科学和有效的飞行技能培训，使他们具备能够应对和处置各种极端情况下的不安全事件，保障飞行安全。培养一个出色的飞行驾驶人员需要很长的时间和高昂的代价，飞行员是航空公司的宝贵财富和重要的生产力。因此，选拔和培养优秀的飞行员是航空公司长期发展战略的重要组成部分，是保障飞行安全的第一要素。

2. 年龄与健康要求

人的年龄和健康对安全生产有着一定的影响。随着年龄的增长，技能越来越熟练，积累的知识和经验越来越丰富，有利于提高安全生产水平。但是在人的生命周期中，随着年龄的老化，人的体能和反应敏感度会逐步下降，对安全生产又可能产生负面影响。例如，随着飞机飞行驾驶环境的不断改进，以及生活水平和医疗技术的改善提高，尽管飞行员的健康水平有所提高，但是依然面临退休年龄标准的挑战。根据美国 FAA 的统计，60—69 岁年龄段的通用航空飞行员的事故率是 50—59 岁的两倍，事故率最低的年龄段在 40—55 岁。因此，在保障飞行安全的前提下，科学地分析飞行员健康、年龄、技能和经验等综合因素，充分发挥诸如飞行员等稀缺人力资源的效用。

3. 技能与经验

人的技能和经验可以通过不断学习和实践获得积累而得到逐步提高，有益于减少操作风险、提高安全生产水平。例如，培养一名优秀的飞行员一般需要 7 ~ 8 年甚至更长时间，这不仅要求飞行员自身必须具备良好的综合素质，而且一定要经历复杂环境下的飞行训练和飞行实践，通过"培训—实践—提高"这种周期性的过程才能不断进步。因此，飞行员的定期学习、定期培训、定期模拟驾驶训练及结合飞行实践有组织、经常性的飞行讲评与事故分析等经验交流，将有助于提高飞行员驾驶技能和增加经验，提高安全飞行水平。

4. 资质管理

加强对民航运输生产岗位人员资质管理，特别是与安全生产直接相关的岗位，是提高民航安全水平的一个重要环节。资质代表着具备相关岗位的基本技术、技能和能力等必备条件，是胜任岗位工作的基本要求。例如，飞行员驾驶飞机的机型等级控制在保障飞行安全方面有着十分重要的意义。在航空公司的机队建设中，机型系列不仅仅关系到机务维修技术及航材配备等重要方面，对飞行员的培训工作也有重要影响。驾驶机型发生改变，飞行员必须经过培训和严格考核并取得机型资格后才能派班，以确保飞行安全。类似的关键岗位，如空管管制员、机务维修工程师、签派及航班控制岗位人员、机场运行指挥员等，都必须执行资质认证、审核及复核等管理规范。例如，《国际民航公约》中规定，"从事国际航行的每一航空器驾驶员及飞行组其他成员，应备有该航空器登记国颁发或核准的合格证书和执照"。我国《民用航空法》规定，"航空人员应当接受专门的训练，经考核合格，取得国务院民用航空主管部门颁发的执照，方可担任其执照载明的工作""航空人员应当接受国务院民用航空主管部门定期或者不定期的检查和考核；经检查、考核合格的，方可继续担任其执照载明的工作"。航空人员包括空勤人员（驾驶员、领航员、飞行机械人员、飞行通信员、乘务员）和地勤人员（民用航空器维修人员、空中交通管制员、飞行签派员、航空电讯通信员）。

（四）对人为过失的补偿

为了减少人为差错，除了上述一些基本措施之外，人们一直致力于研究和开发更为先进的飞机、导航和控制设备、辅助维修的故障检测和诊断设备、其他智能化或自动化辅助设备，力图尽可能地减少和避免出现人为操作失误的概率。例如，座舱驾驶自动化、空中交通指挥自动化、空地通信现代化、计算机辅助签派系统、机场航班运行指挥调度系统、各种机务维修检修检测设备，以及安全信息管理自动化等，通过智能化或自动化技术，弥补人的操作或判断过程中可能产生的差错，提高安全生产水平。

第五节　航空安全保卫

如前所述，航空安全保卫（aviation security）属于航空安全的范畴，它的业务领域主要是保护人、货、飞机或设施设备等免受非法干扰，以免产生人身伤害或财产损失，保障航班运行正常，以免出现涉及人身伤害或财产损失的危险或事故。《国际民用航空公约》明确要求："每一缔约国必须将保护旅客、机组、地面人员和一般公众的安全作为保护民用航空免遭非法干扰行为一切事务中的首要目标""每一缔约国必须建立一个组织，并制定和实施顾及飞行安全、正常和效率的规章、措施和程序，以保护民用航空免遭非法干扰行为""能在保护民用航空免遭非法干扰行为的一切事务中保护旅客、机组、地面人员和一般公众的安全""能对任何增加的安保威胁迅速做出反应"。同时对机场运行、航空公司、安全保卫预防措施、非法干扰事件处置、安全保卫的设施设备保障等提出了原则性要求。

根据中国民航局的职责要求，中国民航局主管全国民航安全保卫工作，负责起草民航安全保卫法律和法规，制定民航安全保卫的国家基本政策，制定和发布民航安全保卫规章和标准，负责对民航安全保卫工作实施统一管理、监督和检查，审定机场和航空公司的航空安全保卫方案，指导各单位制定航空安保培训计划，参与调查和处理非法干扰民用航空事件、特大飞行事故或其他重大灾害事故等。

航空安全保卫主要包括以下几大部分内容。

（一）机场安全保卫

机场是旅客、货物、飞机、为航班运输飞行提供保障服务的人员和各种设施设备的集聚地，也是迎送旅客和一些重大政治活动的重要场所。因此，机场安全保卫和机场运行安全是保障民航运输飞行安全的重要基础。

机场安全保卫工作十分复杂，不仅因为人和设施设备多、分布区域范围广，而且涉及的运行与驻场单位多，与社会的接触面广，安全保卫面对的挑战多。为了加强机场安全保卫工作的组织与管理，确保机场安全运行，民航局颁布的《民用航空运输机场航空安全保卫规则》要求每一个机场必须制定"航空安全保卫方案"，根据机场具体情况制定具体而有效的安全保卫计划，并针对各种可能出现的事件制定处置预案，并切实落实安全保卫预防措施，严格加以防范。根据机场功能及各自功能的安全要求，机场安全保卫可以分为机场控制区安全保卫和机场非控制区安全保卫。

1. 机场控制区安全保卫

根据《民用航空运输机场航空安全保卫规则》，机场控制区是机场内根据安保需要划定的进出受到管制的区域，是机场运行的主要区域，必须由机场管理机构会同相关部门按照规定根据其运行活动对民航持续安全的重要性进行划定，并报民航地区管理局公安局备案。机场控制区安全保卫工作，主要包括机场控制区（旅客、机场工作人员和各种车辆设备等）通行证件管理与通行控制、候机隔离区安保、携带或托运武器乘机安保、航空器的安全护卫、通信导航设备的安保，以及其他要害部位如区域管制中心、航管雷达站、导航站、机场加油设施和机场供电设施等重要设施的保卫。图 6-8 所示为机场登机旅客安检通道。对机场控制区的安全保卫主要针对两大对象：一是进入控制区的人员，二是进入控制区的物品。安全保卫策略通常采用分区和分级管控。

图 6-8　机场旅客安检通道

（1）分区管控。根据工作性质和安全保卫需要，将机场控制区划分成若干区域，如候机隔离区、行李分拣装卸区、航空器活动区、机务维修区、货物存放区等。然后根据各区块的特点，对每一区块设置必要的隔离防护设施和入口安全检查装置，如门禁、隔离网、隔离栅栏等。根据各区块功能和工作的需要，对进出各区块的人员、车辆、设备和物品等进行通行许可控制。

（2）分级控制。对进出各区块的人员，根据工作需要，授予不同的通行权限。各区块安保人员，将根据通行权限进行确认放行。通过分区和分级控制，对进出各控制区人员和物品根据安保要求授予不同的通行权限和安检要求，未经授权或经授权但不符合安保要求的则不予放行。需要特别说明的是，凡是进入控制区的人和物，都要经过安全检查。

2. 机场非控制区安全保卫

凡是未被划定列入机场控制区公众可以出入或其出入不受限制的区域，都属于机场的非控制区。根据《民用航空运输机场航空安全保卫规则》，机场非控制区的安全保卫也应当符合《国家民用航空安全保卫规划》的要求，应该纳入机场和公共航空运输企业安保方案，并贯彻实施。机场非控制区安全保卫主要涉及：旅客出发与到达大厅安保、机场驻场单位安保、机场租户安保、停车场等区域安保。

（二）航空公司安全保卫

在整个航空运输系统中，所有工作的核心是最后通过航空公司安全运送旅客和货物顺利到达目的地。因此，加强对航空公司安全保卫工作的组织、实施和管理，是航空公司保障安全飞行的重要职责和义务。2009 年 10 月 26 日，民航局颁布了《公共航空运输企业航空安全保卫规则》，为航空公司安全保卫工作提供了法律依据和行为准则。

航空公司安全保卫的首要任务是航班运行的安全保卫，其主要工作内容包括：旅客订座和离港信息安全、旅客身份确认、旅客托运行李安全检查、运输货物安全管理、旅客携带的枪支弹药及武器运输管理、押解和遣返人员运输管理、过站和转机旅客安全检查、飞机的地面安全保卫、飞机清洁工作的安全保卫、航空配餐和机上供应品安全、航线安全评估、外航安全保卫等工作。

（三）人员及其物品安检

人员和物品的安全检查是保障机场控制区安全和航班飞行安全的重要措施。根据《民用航空运输机场航空安全保卫规则》，所有进入机场控制区的任何人员和物品都必须经过安检获得许可后才能放行。根据 1999 年 5 月年，中国民用航空总局颁布的《中国民用航空安全检查规则》，要对乘坐民用飞机的旅客和行李、进入候机隔离区的其他人员及其物品，以及空运货物、邮件进行安全检查；对候机隔离区内的人员、物品进行安全监控；对执行飞行任务的民用航空器实施监护，防止危及航空安全的危险品、违禁品进入民用航空器，保障民用航空器及其所载人员、财产的安全。

进入机场控制区的人员，主要是地面工作人员、机组人员和旅客等。进入控制区的物品主要是车辆、设备、航班保障服务用品、行李与货物等。

旅客安检的主要内容包括：一是旅客乘机身份的查验与确认，对国内航班旅客必须检查其有效乘机身份证件、客票和登机牌。有效乘机身份证件可以是中国籍旅客的居民身份证、临时身份证、军官证、武警警官证、士兵证、军队学员证、军队文职干部证、军队离退休干部证和军队职工证，港、澳地区居民和台湾同胞旅行证件；外籍旅客的护照、旅行证、外交官证等；以及中国民航局认可的其他有效乘机身份证件。二是根据《中国民用航空安全检查规则》附件《禁止旅客随身携带或者托运的物品》和《禁止旅客随身携带但可作为行李托运的物品》的要求，检查旅客随身携带的行李物品，确保进入飞机的物品不对飞行造成安全危害。

（四）运输飞行安全保卫

民航运输飞行安全保卫，其职责是保卫飞行中的飞机客舱和驾驶舱安全，确保飞机在飞行过程中不受任何非法干扰，保障飞机、机上人员和物品安全。所谓"飞行中"，是指飞机从装载完毕、机舱外部各舱门均已关闭时起，直至打开飞机任一机舱门以便卸载时为止的这一段时间。事实上，飞行中的飞机机上安全保卫工作内容很多，包括防止劫持飞机、非法干扰飞机正常飞行、扰乱旅客正常乘机秩序、非法使用电子设备干扰飞行通信、对飞机进行有害或者破坏性的行为等。

　　《公共航空旅客运输飞行中安全保卫规则》还明确了航班飞机机长的安全职责和权力、乘务人员及航空安全员的安全职责和工作要求、对机上扰乱行为和非法干扰行为的处置程序、旅客乘机的行为规范，对空勤人员的安保训练和机上安保设备及器材配备都提出了基本要求，以加强对机上安保工作的规范化管理，提高机上安保能力和水平。

本 章 小 结

　　民航运输安全是一项长期任务，涉及安全管理机制、组织、法规、航空公司、机场、空管、人、设备、环境、文化等多方面的因素，需要通过全面提高民航运输人员的安全素质，严密的组织和科学的管理，牢固树立"安全生产"意识，构建安全管理体系，提高安全管理和安全生产水平。

思 考 题

1. 民航运输安全管理的目的是什么？
2. 如何根据危害程度分辨危险？
3. 风险与安全之间的关系如何？
4. 在概念上如何区分"安全"和"安全保卫"？
5. 民航安全管理体系的核心思想是什么？
6. 民航安全管理体系的基本要素有哪些？
7. 如何评价风险？为什么要评价风险？
8. 安全审计的作用是什么？
9. 安全信息在安全管理中的作用是什么？为什么要共享？
10 风险分析的基本方法有哪些？
11. 风险控制的基本方法有哪些？
12. 人的哪些因素能够直接影响民航运输飞行安全？
13. 影响民航运输飞行安全的间接因素有哪些？
14. 如何从人的因素着手提高民航运输生产安全水平？
15. 机场安全保卫的主要内容包含哪些方面？
16. 航空公司安全保卫的主要内容包含哪些方面？
17. 人员及物品安全检查的主要内容包含哪些方面？

第七章　民航运输服务质量管理

✈ **学习目标**

- **知识目标**

  掌握有关民航运输服务质量管理的相关概念、"以客户满意"为目标的质量分析和过程控制等质量持续改进思想、方法和基本技术，以及有关民航运输服务质量管理的标准和法规。

- **能力目标**

  能够掌握民航运输服务质量持续改进的思想理念和过程管理的基本管理方法，具有参与质量分析和质量持续改进的能力。

- **素养目标**

  使学生牢固树立以"客户满意"为目标的现代民航运输服务理念，牢固树立"质量持续改进"的质量管理思想。

在经济全球化、市场竞争越来越激烈的今天，人们已经深刻地认识到产品质量的重要性。推行以"客户满意"为核心的服务质量管理，已经成为民航运输企业竞争的重要战略措施。

第一节　基　本　概　念

如同企业生产产品一样，民航运输是一种服务过程，其服务质量及质量管理等基本概念、基本理论等与有形产品的质量管理具有许多共通之处。

一、质量与质量管理

（一）过程、产品与质量

过程管理是产品质量管理中的一个重要概念。

什么是"过程"？根据 ISO 9000：2005《质量管理体系——基础和术语》的有关阐述，"过程是将输入转化为输出的相互关联或相互作用的一组活动"。这里的"输入"是指客户需求或者产品要求，为实现这些要求而提供的相关材料、技术、规范或标准等；"输出或特定目标"，是指开展的一系列活动所要实现的目标结果，即产品；从"输入"到"输出"的"转化"或开展的一系列活动，则为生产产品的过程。换言之，"产品是过程的结果"，这种结果可以是有形的，也可以是无形的。产品质量是产品或服务满足明确或隐含需要能力、特征和特性的总体反映，是产品所具有的永久特性并能够满足客户需求的程度。产品质量反映了实际生产的结果与产品设计要求的符合性，以及与消费者期望值的符合性，这种符合性越好，反映产品质量越高。

产品有两种形态，有形产品和无形产品。

有形产品是指具有物质形态的物品。有形产品的质量通常指产品的外形、功能、性能、可靠性、安全性、经济性和耐用性等具体的量化指标。如果提及产品的售后"服务"质量，则是指提供维护保修的内容、保修期限、顾客对维修的满意程度等要求。

无形产品是指没有物质形态但是具有实际效用的产品，通常是指服务。无形产品的质量一般是指提供能够满足顾客需要的服务内容、服务态度、服务技能、服务效果、服务周到和及时程度、价格等需求的特性。衡量无形产品的质量，不仅取决于提供的服务本身所应该具备的作用和特性，而且由于这类产品难以通过完全量化的指标进行评价，因此，在很大程度上还取决于顾客的认同程度和感知满意度。

那些不具备市场特性的行政性工作的质量，主要是指工作技能、工作效果、工作效率、工作态度、实施工作规范的熟练程度等特性。

（二）质量管理

质量管理是产品全寿命周期的质量保障过程与保障措施，包括质量目标设定、质量标准制定、质量控制、质量评价机制等。通过质量保障体系，实现产品各环节的质量指标。质量管理是质量保障和质量持续改进的组织性过程管理。

（三）质量管理体系

质量管理体系是企业以"客户满意"为中心，从产品设计、研制、生产、检验、销售到售后服务，为产品全寿命周期的质量保障所建立的管理组织、管理规范、质量标准、质量保障措施等一系列制度化、标准化、文档化、系统化的全过程质量管理（参见 ISO 9000：2005《质量管理体系——基础和术语》）。质量管理体系是一个组织性活动，以持续改进产品质量为目标，有一整套标准化的管理规范和管理文档，成为企业生产过程中保障产品质量的基本管理行为。

（四）质量认证

产品质量认证又称产品合格评定，是指由政府或特定组织授权的第三方独立机构，依据产品质量标准和相应技术规范要求，对产品品质、生产过程或服务等进行检验或检测，对确认符合质量标准和相关技术要求的产品颁发认证证书和认证标志，以证明该产品质量合格，这一系列的评价活动称为质量认证。根据国际标准化组织（International Organization for Standardization，ISO）的定义，产品质量认证是指由具有公信力的第三方机构证实某一产品或服务符合特定标准或相关技术规范的活动。

根据《中华人民共和国标准化法》，企业对有国家标准或行业标准的产品，可以向国务院标准化行政主管部门或国务院标准化行政主管部门授权的部门申请产品质量认证。认证合格的，由认证部门授予认证证书，准许在产品或者其包装上使用规定的认证标志。已经取得认证证书的产品不符合国家标准或者行业标准的，以及产品未经认证或者认证不合格的，不得使用认证标志出厂销售。企业研制新产品、改进产品，进行技术改造，应当符合标准化要求。总之，产品质量认证是产品进入市场的必要程序，也是改善产品质量、提高市场竞争力的重要措施。

二、民航运输产品及质量

中国民航运输业一直以"安全第一、飞行正常、优质服务"为质量管理总方针，产品是服务，是一种具有市场特性和质量标准的无形产品。

（一）民航运输产品

民航运输业和其他运输方式一样，它并不生产具有实物形态的物质产品，而是提供一种使旅客和货物在一定时间内发生空间位移的一系列服务。提供这种服务的过程就是民航运输生产产品的过程，也是顾客对产品的消费过程。在乘客到达终点站并提取了行李或货主提取了货物离开机场之后，这种服务（即生产）过程也就随之结束。因此，民航运输产品是无形的，既不能储存，也不能转让，是一个过程性的系列服务。这个过程服务从顾客咨询、订座、购票（或货运客户的咨询、订舱、交运付费）开始，到旅客或货物最终到达目的机场旅客并离开机场或客户提货后离开机场为止，包括地面和空中的全程服务。

（二）民航运输产品质量

根据《公共航空运输服务质量》（GB/T16177—2007），民航运输产品质量主要包括安全性、仪表仪容、服务语言、服务态度、业务技能、职业道德、设施设备、售票服务、机场地面旅客服务、飞机客舱服务、货物运输服务等基本内容以及质量要求。在《公共航空运输服务质量评定》（GB/T 18360—2007）中给出了相应的评价指标。

第二节　ISO 9000 质量管理标准体系

国际标准化组织（其徽标见图 7-1）成立于 1947 年 2 月 23 日，它是联合国经济与社会理事会（Economic and Social Council，ECOSCO）的甲级咨询组织和贸易发展理事会综合级咨询组织，其主要活动为组织全球专家制定国际标准，协调世界范围的标准化工作，组织各成员国和技术委员会进行信息交流，组织国际合作共同研究有关标准化问题。截至 2022 年年底，国际标准化组织有 169 多个成员国，制定了 24 900 多个标准文件。国际标准化组织的目的和宗旨是："在全世界范围内促进标准化工作发展，以便于国际物资交流和服务，并扩大在知识、科学、技术和经济方面的合作"。中国于 1978 年 9 月 1 日以中国标准化协会的名义加入国际标准化组织，现以中国国家标准化管理委员会的名义代表中国参加国际标准化组织的所有活动。

图 7-1　国际标准化组织（ISO）徽标

一、ISO 9000 质量管理标准系列

1987 年 3 月，国际标准化组织陆续正式颁布了以 ISO 9000、ISO 9001、ISO 9002、ISO 9003、ISO 9004 为基础的质量管理标准，这一系列标准被认为形成了"质量管理和质量保证"的质量管理标准体系，标志着质量管理和质量保证进入了规范化、程序化和国际化的新时代。

（一）ISO 9000 质量管理标准系列

1987 年以来，ISO 9000 质量管理标准系列经过不断修订，已成为企业评估和认证产品质量的国际标准，成为产品进入国际市场的重要条件之一，成为企业制定产品质量管理标准的重要依据。ISO 公布的 ISO 9000 质量管理标准系列主要包括以下标准。

（1）ISO 9000，《质量管理体系—基础和术语》，对 ISO9000 标准系列中所涉及的相关术语进行规范化定义和解释，并对质量管理的相关基础知识进行介绍。其内容可能会进行不定期的修改和调整，例如，ISO9000：2022，为 2022 年版 ISO 9000。

（2）ISO 9001，《质量管理体系—要求》，针对"组织"建立质量管理体系应该满足的基本要求，以证实该组织具有能够满足客户要求和法规要求的产品质量保障能力，目的在于提高产品质量和客户满意度。例如，ISO9001：2015。

这里所谓的"组织"（organization），泛指具有职责、权力以及能够协调和安排与质量管理相关的一组人员或机构，如企业、单位、院校、社团等。

（3）ISO 9004，《可持续性管理—质量管理方法》，对组织提高质量管理体系有效性和管理效率的指南，以促进组织保障产品质量持续改进，提高客户及相关方的满意度。例如 ISO 9004：2018。

需要特别说明的是，新版 ISO 9000 质量管理标准系列不仅关注产品质量要求，更突出关注客户满意度，注重客户对产品质量的评价和产品质量的持续改进。

（二）ISO 9000 标准系列的质量管理原则

ISO 9000 质量管理标准系列给出的不仅是一种产品或服务的质量管理规范，而且是构建质量管理体系的指南，以指导组织进行产品全寿命周期的质量管理。组织根据 ISO 9000 标准系列所给的建议、指南和规范，结合本组织的具体产品和要求制定具体的质量管理标准或质量管理体系。ISO 9000 质量管理标准系列有如下倡导的质量管理基本原则。

（1）以顾客为中心。组织必须关注顾客的需求与满意度，作为质量检验的首要标准。在制定的质量方针、质量目标、质量管理组织及其职责、产品设计与生产等过程中，都应充分体现如何满足顾客需求并力图超越顾客期望。

（2）领导作用。领导是质量管理的关键，也是质量管理中的标杆和典范，强有力的领导能够确保将组织发展的愿景和使命与发展方向和内部环境紧密结合，并落实在相关的政策和措施中，为员工充分参与实现组织目标调动资源和创造环境。

（3）全员参与。质量管理必须全员参与，只有全员充分参与，才能使员工在实现质量管理目标的过程中发挥主动积极的作用。

（4）过程管理。对质量管理过程中涉及的各项资源和活动，对其过程进行管理，可以更高效地得到期望结果。

（5）系统管理。针对设定的质量目标，将产品涉及的各阶段和各相关部分的工作作为一个整体进行综合的统一的管理，有助于各阶段、各部分、各部门、各环节之间的工作衔接、理解和协调，有助于提高组织管理的有效性和效率。

（6）持续改进。保持产品质量的不断改进和提高，作为组织质量管理的永恒目标。这种持续改进原则，涉及组织的发展战略和目标，政策和机制，资源和技术等保障措施。

（7）基于事实的决策方法。基于客观的第一手数据和客户反馈信息，在科学统计和分析基础上，作为组织的管理层和决策层的决策依据，以改进产品生产工艺、技术和质量。

（8）与供方互利共赢。组织需要与合作方加强互利共赢的合作关系，共同提高产品质量，共同创造，共同提升发展能力。

（三）GB/T 19000 质量管理标准系列

中国是国际标准化组织的签约成员国，中国等同采用 ISO 9000 标准系列，由全国质量管理和质量保证标准化技术委员会提出，国家市场监督管理总局和国家标准化管理委员会联合颁布与推荐施行。因此，中国的 GB/T 19000 标准系列中的术语和各项条款，完全对应等同 ISO 9000 标准系列。

（四）ISO 9001 质量管理体系的基本要求

质量管理体系是一个组织为保障质量可持续性改进和提高的战略性措施。在 ISO 9000 质量管理标准体系中，ISO 9001 重点对组织如何构建质量管理体系提出了基本框架性要求。

（1）确定质量管理体系所需的过程及其在整个组织中的作用。

（2）确定这些过程的顺序和相互作用。

（3）确定为确保这些过程能够有效运作和控制所需的准则和方法。

（4）确保可以获得必要的资源和信息，以支持对这些过程的运作和监控。

（5）对这些过程运作情况的监视、评价和分析。

（6）必要的措施，以实现过程的预期效果，以及对这些过程的持续改进。

二、质量管理持续改进

ISO 9004：2009《可持性管理—质量管理方法》提出了以"客户满意"为质量目标的质量管理思想和"质量持续改进过程"的方法，参见图 7-2，更注重组织在管理过程中的重要作用和管理方法的有效性，从更广的视角关注客户和利益相关方的需求与期望，更强调质量的持续不断的改进，以满足不断变化的客户需求。为要实现这一目标，ISO 9004：2009《可持性管理—质量管理方法》提出了要从组织管理着手保障持续成功管理的思想，并给出了相应的措施和要求。

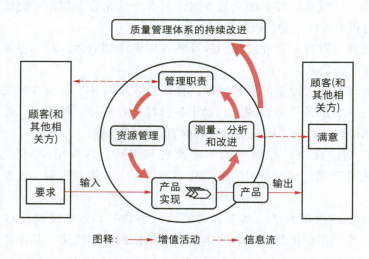

图 7-2　ISO 9000 的持续改进过程方法模型

第三节　民航运输服务质量管理体系

民航运输服务作为一种无形产品，其质量直接关系旅客或客户、航空公司、机场及相关企业的切身利益。随着民航运输业的不断发展，民航运输服务质量管理从组织管理、法规标准，到督查审计已经形成了一整套完备的质量管理体系。

一、质量管理组织体系

虽然国际上目前还没有专门机构对世界民航运输服务质量进行专门管理，但是，国际民航组织、国际航空运输协会和国际机场理事会等国际组织通过定期或不定期的大会决议，或建立行业标准，或进行审计评审，或行业准入等手段，强化对行业的影响力，从而加强和促进对民航运输服务质量的管理。另外，联合国国际标准化组织为全球所有成员国服务，其影响力随着市场竞争在全球而不断提升，ISO 标准已经成为产品进入国际市场的"通行证"，对世界民航运输服务质量管理已经产生越来越大的作用。例如，国际机场理事会和 SKYTrex 组织的世界机场服务质量奖评选、国际航空运输协会等组织的航空公司服务质量奖评选活动，无形中提升了这些国际组织对航空公司和机场服务质量的监督作用。

中国民航局是中国政府负责"监督检查民航运输服务标准及质量，维护航空消费者权益"及起草和制定行业质量标准的行业管理机构，各地区民航管理局和各省、自治区、直辖市民航安全监督局负责监督检查所辖范围内的民航运输服务质量标准实施，以及维护消费者权益。中国民航局还通过定期公布各航空公司和机场等民航企业的服务质量信息和统计数据，对全行业服务质量加强监督，如不正常航班信息和旅客投诉等。

航空公司与机场是实施国际或国家质量标准的具体组织，负责本企业的质量管理与监控工作，包括制定本企业内的相关服务质量标准与质量管理规章，对各生产岗位落实质量标准和进行督查、顾客反馈意见的处理，形成自上而下的服务质量管理组织体系。在一些航空公司和机场，还采取"质量连带责任"管理措施，即"一人有错，大家有责"，其目的在于形成质量管理的集体监督机制。

二、质量管理法规体系

法规和标准是民航运输企业实施质量管理的依据。在国际上，从航空器及设施设备的设计、生产和维修，航班运行，机场保障，空中交通管理，到旅客或货物运输服务，国际民航组织、国际航空运输协会和国际机场理事会都分别制定了相应的标准、规法或市场准入要求，作为服务质量管理的法律依据，以保障航行安全和服务质量。例如，国际民航组织的《国际民用航空公约》及附件、《机场服务手册》和《安全管理手册》，国际航空运输协会的《机场开发参考手册》，以及货物及危险品运输服务等规定，为国际民航运输服务提供了统一的质量标准。

国际航空运输协会、国际机场理事会等国际组织还通过设置不同的民航服务质量要求、评估项目和内容，对航空公司和机场的服务质量进行国际性审计或评奖。虽然这些评审和评比不是法定的国际组织活动，但是从市场影响力角度确实促进了航空公司和机场服务质量的不断提升，以通过获奖增强自身在航空运输市场中的竞争力。

中国政府和国家民航管理机构，依据 ISO 的质量管理标准系列和质量管理体系规范，先后制定了符合中国国情的民航服务质量标准和质量管理法规，以规范中国的航空运输服务。例如，全国人大通过的《中华人民共和国航空法》《中华人民共和国标准化法》《中华人民共和国计量法》和《中华人民共和国产品质量法》，国家市场监督管理总局和国家标准化管理委员会颁布的《公共航空运输服务质量》（GB/T 16177—2007）和《公共航空运输服务质量评定》（GB/T 18360—2007）等；中国民航局颁布的《中国民用航空危险品运输管理规定》（CCAR—276-R1）、《中国民用航空旅客、行李国内运输规则》、《中国民用航空货物国内运输规则》、《民用运输机场服务质量》（MH/T 5104—2013）及《中国民用机场服务质量评价指标体系》等，为中国民航运输服务质量管理提供了法律依据，为民航运输企业质量管理提供了行为规范和标准，也为民航企业和民航消费者维护自身权益提供了法律保障。

三、质量审计与体系认证

如同本章第一节所述，质量管理体系认证实质上是对企业是否具备能够提供达到质量标准的服务的综合能力评估和确认，而质量认证则是对民航运输企业的服务质量是否达到标准的评定和确认，前者是对组织质量管理能力的评价，后者是对产品质量的评价。

评奖活动是一种从正面彰显业绩和成就的激励机制。与之不同的是，审计则是通过授权机构按照标准对照民航运输企业的实际管理和生产过程查找差距，检查是否达到服务标准或服务规范，是一种符合性审核。例如，民航运输企业的许多关键岗位人员的资质审查，服务设施设备的配置、安全性、规范性和标准性检查，对企业的质量管理规章制度、标准及相关文档审查等，一方面，从多个方面对企业的质量管理能力和服务水平进行检查与评价给予肯定，另一方面，发现与公认标准的差距以及存在问题，以便改进和提高服务质量。国际民航组织、国际航空运输协会要求的民航运行安全审计机制，旨在建立全球民航运输持续安全保障体系，就是一种典型的质量体系认证。

通过上述民航运输服务质量管理的组织体系、法规体系和质量监控及质量审计，形成民航运输服务质量管理体系，参见图 7-3。能够对民航运输服务质量进行质量认证的机构有国际标准化组织、国际民航组织、国际航空运输协会、国际机场理事会、Skytrax 及瑞士的 SGS Qualicert，还有中国的"国家认证认可监督管理委员会"及中国民航局等机构。

第四节　质量管理基础

质量管理的目的在于改善和提高产品品质，不断生产出能够满足顾客需求的优质产品。为达到这一目标，在民航运输运输服务的全过程中，必须依据产品质量标准进行设计、实施和管理。然而，要保证产品符合质量标准，管理者和生产者必须具有高度的质量意识，必须具备满足岗位要求的技能，必须具有管理和生产所遵循的规范和标准；生产工具必须具备满足生产要求的条件。

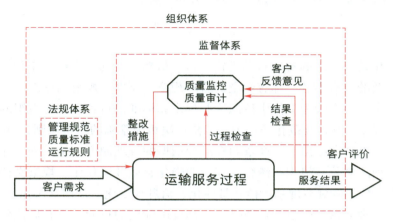

图 7-3　民航运输服务质量管理体系框架结构

一、全员质量意识

构建 ISO 9000 质量管理体系的第一项要求，就是组织的管理者和决策者必须高度认识到一个组织内建立质量管理体系的必要性和重要性，要充分认识到人是保证产品质量的第一重要因素，尤其是在民航运输服务中，人的作用更为突出。因此，树立全员质量意识是实施质量管理措施、实现质量目标的重要基础。通过企业文化建设、政策引导和行为规范，形成以"顾客满意"为宗旨的全员质量意识，并体现在企业全体员工工作过程的每一个细节中。

二、质量责任制

对民航运输服务过程中的每一道工序或每一个岗位，不仅是一线服务人员，包括每一个管理岗位，都需要实行责任制，赋予明确的责任和职责、明确的任务计划和工作质量指标，形成严密的质量控制网络体系，以加强对全面的质量管理。无数事实证明，没有一支训练有素和具有责任心的一线队伍，不可能生产出高质量的产品；如果没有一支高效规范且认真负责的管理队伍，同样也不能生产出质量过硬的产品。

三、技能培训

有组织、有计划地加强管理人员和一线人员培训，不断提高管理水平和岗位技能，才能保证有效实施质量管理。培训方式多种多样，有企业内部岗位交流式的培训、以老带新式的培训、内部提高型专家培训、岗位技能定期复训，或者外派式专门培训等等方式。

培训工作就像其他工作一样，同样需要建立对培训质量进行管理和考核的机制，包括培训机构和人员的设置、培训计划和培训目标的制定、培训内容和培训课程的设置、培训师资和培训教材的选择、培训效果的考核内容和考核方式设定，以及培训经费的预算与落实等，同样需要对培训过程的管理和质量控制。

四、质量管理规范化

管理规范化是指组织的各项管理工作，包括机构、规划、生产、流程、市场、资金等日常运营涉及的所有事务，都有健全的管理规章、制度、规范和标准，有相对稳定的管理机构和人员，并在管理工作中按照这些规章和标准进行管理，使组织的日常管理和运营工作井然有序。管理规范化还体现在以集体决策为基础的组织原则，"按章办事"的法制管理模式，以"白纸黑字"规章和标准为依据的管理制度；是一种领导集体化、决策民主化、管理法制化、组织系统化、权责明晰化、业务流程化、规章文档化、行为标准化、绩效定量化、发展有规划、措施具体化、信息数字化、培训常态化、考评制度化、控制过程化的管理体系。民航运输业是一个高度国际化的行业，只有规范化的企业管理和质量管理，才有可能提供符合国际或国家规范的民航运输服务。特别是加入国际联盟的航空公司，其质量管理规范化是入盟的基本要求之一。管理规范化的主要特征就是企业日常运行管理的规章制度健全，并且按照规章制度进行管理，管理行为不因人而随心所欲。

五、质量管理标准化

俗话说，"没有规矩，不成方圆"。"规矩"的内涵之一就是标准，属于规范化管理的一个重要方面。标准不仅是行为的依据，也是衡量行为规范程度及质量的依据。在民航运输服务质量管理中，服务标准、技术标准和计量标准都是保障质量的重要措施。

（一）服务标准化

虽然衡量服务质量的标准存在弹性因素，但是，每一种服务行业都有其权威性的统一的国家或国际标准。例如，中国民航运输业有中华人民共和国国家市场监督管理总局和中国国家标准化管理委员会颁发的《公共航空运输服务质量》（GB/T 16177—2007）国家标准，以及中国民用航空局颁发的《民用运输机场服务质量》（MH/T 5104—2013），是中国民航运输服务的质量标准。此外，社会共同认知或行业公认规则，实际上也是服务质量的一种社会标准。

民航运输服务标准化，主要指服务流程、服务用语、服务仪态、标志标识、岗位着装等，按照国际的、行业的或者企业自身的统一要求和规范进行。通过服务标准化，作为岗位人员选拔、技术培训、设施设备配置、服务内容设置、服务管理、质量考核等一系列行为或者活动的依据。

（二）技术标准化

技术标准化是指企业内部的技术管理采用标准化体系进行统一管理，保障民航运输和服务中使用的所有设备设施及所涉及的技术、操作方法和维修规程等都符合技术标准和技术规范。这些技术标准可以是国际标准、国家标准、行业标准、地方标准或者企业标准。例如，航空器的适航和维修有国际民航组织标准和美国联邦航空局标准，机场和空管的设施设备及各种标志标识有国际民航组织标准，民航国际旅客和行李货物运输有国际航空运输协会标准，国际间的民航通信导航和销售信息有国际标准等。

中国政府和民航系统为加强技术标准化管理，在组织和法规方面已经形成了基本完备的管理体系。民航管理部门就行业技术标准化管理在民航运输涉及的各类设施设备、技术、服务等多方面制订和颁布了若干技术标准，如空管、通信导航的设施设备、机务维修、客货运输、民航信息系统、机场设施设备等方面。

技术标准化管理直接关系企业投资、设施设备配套、设施设备运行安全、维护成本及运行质量等关键问题，是保障质量的重要基础。

（三）计量标准化

计量是民航运输中一项非常重要的技术性基础工作，它将保证测量、计重、化验、分析、测试等计量器具或系统的量值标准，如准确度、稳定度、灵敏度、可靠性、适用性和响应特性等，都是计量标准的重要指标。计量标准化旨在为保证测量结果统一和准确提供标准工具、标准方法和标准条件，是检验生产工具和生产方法能否保障准确的基准。这种基准可以是国际的，也可以是国家的。例如，飞机的气压表、高度表及方向和距离的测量仪器的准确性，直接关系飞行的安全；货运的计重器具的准确性直接关系飞机配载安全等。

计量标准化工作有如下任务。

（1）计量器具及系统的测试、检定和量值统一。

（2）计量器具及系统的正确使用和定期维护。

（3）计量器具及系统的改进与更换。

计量标准化是企业质量管理的基础工作之一，是一项持续性保障工作。

六、质量信息管理

产品质量信息是反映企业产品在生产和销售等各个环节中质量情况的基本数据、原始记录、产品售后使用过程中反映的各种情报资料。它是产品质量评估和保持产品质量持续改进的重要依据。产品质量信息管理旨在使产品质量信息得到有效的传递、处理和利用。有效的质量信息管理是保障产品质量持续改进的重要措施之一，因此，也是质量管理工作的重要内容之一，需要建立有效的质量信息管理体系。

民航运输质量信息主要是服务质量的反映或反馈，如旅客对购票、候机、乘机、行李托运、货主对货物的意见和建议等、机务维修过程中的易发故障和部件损坏等数据、飞行中的安全信息等。通过对质量信息的收集、分析和处理，发现其规律，总结经验，以对运输服务、运输飞行和机务维修过程的相应环节加强管控，加强培训，加强对材料和设备质量的控制，为改进和提高运输生产质量，降低生产成本，提供可靠的指导依据或借鉴经验。

民航运输服务质量信息有如下主要内容。

（1）市场反馈的服务质量信息，如航线设置、航班频率、机型选择、候机和机上服务、正点率、行李或货物托运、运价、中转顺序和便利性、标识标牌等。

（2）运输过程中的质量信息，如候机、行李交运或提取、登机、机上服务、问讯、异常情况的处理、工序流程、设备维修等。

（3）管理工作失误造成的差错、事故等信息。

（4）其他原因引起质量波动的关联信息等。

通过有效的质量信息管理体系对质量信息的收集、处理和汇总，分析和总结质量问题的根源，以制订改进和提升质量的措施，保障质量的持续改进。

第五节　质量分析基础

在民航运输服务管理过程中，需要及时掌握服务质量动态，以便及时采取措施，不断提升服务质量，以保持和增强客户满意度。虽然民航运输服务是一种无形产品，但是它依然具有与有形产品相似的质量特性。因此，通常用于有形产品质量管理的理论和基本方法同样适用于民航运输服务质量的管理。这里将介绍几种常用的质量分析方法。

一、几种分析方法

（一）分类统计法

Excel 是 Microsoft 公司 Windows Office 软件系统中的一个表格工具软件，具有强大的表格制作、统计和分析功能，是现代办公自动化的必备工具，熟练使用 Excel 软件也是进行质量管理的基本技能。

在民航运输服务统计质量分析中，由于影响因素较多，需要分析影响因素的主次原因，以便根据质量影响的缓急轻重采取措施改进质量。为了统计分析年度旅客行李运输质量，图 7–4 中按月统计了 2017 年 1 至 8 月某航空公司旅客行李运输的投诉次数及原因。

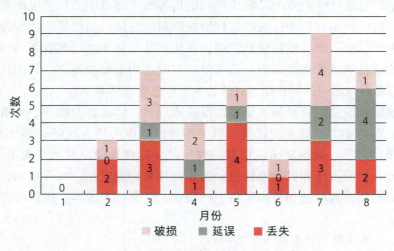

图 7–4　分类统计分析方法：累计趋势图

从表7-1的统计数据可以看出，在2017年前8个月的旅客行李投诉原因中，行李丢失和行李破损原因占多数，引起有关部门的重视，采取必要措施予以防范。经过整改，后4个月实现了零投诉，服务质量得到了质的提升。

表7-1　2017年某航空公司旅客行李投诉统计　　　　　　单位：次

投诉原因	1月	2月	3月	4月	5月	6月	7月	8月	9月	10月	11月	12月	小计
丢失	0	2	3	0	4	1	3	2					15
延误	0	0	1	1	1	0	2	4					9
破损	0	1	3	2	1	1	4	1					13
小计	0	3	7	3	6	2	9	7					37

（二）累计趋势图

根据表7-1中整理的投诉数据，常用Excel的堆积柱形图分类累计分析投诉次数趋势，参见图7-4。图7-4不仅反映了每个月各类原因的投诉次数总体趋势，而且还反映了行李问题投诉次数与季节有关，说明旅客运输旺季行李问题也随之增多。

（三）分类比例图

为了分析每一种原因在总数中的比例，以便进一步量化分析质量原因，比例图也是一种常用方法。根据表7-1中的数据计算出累计投诉次数和占比后，采用Excel的饼图工具，可以自动绘制出图7-5所示的比例图。

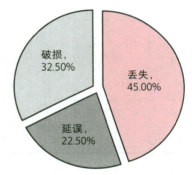

图7-5　分类统计分析方法：比例图

二、因果分析法

因果分析法又称因果图法（cause and effect, fishbone），也是一种常用的质量分析方法。它根据引起质量问题的因果关系和主次关系，直观地描绘出问题与原因之间的关系，供进一步详细分析造成质量问题的原因，因果分析法的原理如图7-6所示。

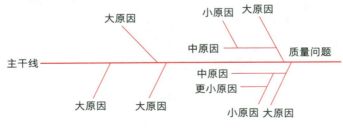

图7-6　因果分析法

155

表 7-2 中给出了某机场在一段时期内的行李及货物地面运输过程中出现的质量问题及其原因。根据因果关系分析，图 7-7 描绘了质量问题与原因之间的对应关系。图 7-7 显示，表 7-2 中所反映问题的首要原因，就是货运人员责任制落实不严，其次是货运工作平时管理不善，积累了不少问题导致行李和货物在地面运输和装卸过程中损坏。

表 7-2　2017 年 5 月某机场货运部行李货物地面损坏情况统计表

序号	差错原因类别	差错次数 / 次	具体原因	备注
1	装卸原因	30	（1）装卸工不负责任 （2）装卸工野蛮装卸 （3）装卸工装卸技术不熟练 （4）拖车车轮修理不及时 （5）拖车行李固定网绳配备不足	
2	仓储原因	15	（1）管理员责任落实不明确 （2）仓库年久失修 （3）老鼠多	
3	包装原因	21	（1）值机员责任心不强 （2）值机员收运行李检查不严 （3）行李包装不合要求	
4	天气原因	9	（1）行李员责任心不强 （2）行李拖车遮雨器具配备不齐 （3）机坪遮雨器具配备不齐 （4）机坪行李堆放处雨水排水不畅	
5	其他原因	8		
小计		83		

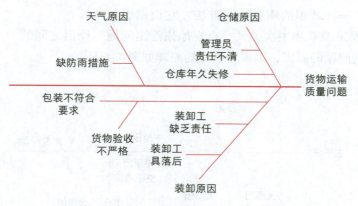

图 7-7　货物运输地面损失因果分析图

三、对策表法

分析问题的目的在于找出导致问题的原因和提出解决问题的方法。根据上述分类统计法、因果分析法，或者其他方法分析的问题及其原因，需要给出一一对应的解决方案与整改措施，形成如表7-3所示的对策表。在对策表中，对于某一类问题，需要列出具体的解决方法和整改期限，并责任落实到人。为了检查责任落实情况和整改效果，对策表中还必须记录整改效果。

表 7-3　20××年6月某机场货运部行李货物地面运输质量整改措施

主要问题	对策	责任人	完成进度	整改效果
货运部质量管理问题	对所有货运人员进行质量教育，落实岗位责任制	货运部质管办/刘某	20××/6/20	
装卸原因	改进装卸工具	设备科/李某	20××/6/30	
	配备防雨器具			
仓储原因	改进仓储措施	设备科/李某	20××/6/30	
	严格货物托运验收	销售科/王某	20××/6/30	
包装原因	协调客运部（值机环节）	销售科/王某	20××/6/30	
天气原因	行李拖车配备防雨布和网绳	设备科/李某	20××/6/30	
	检修仓库（协调场建部门）	设备科/李某	20××/6/30	
	机坪排水（协调场建部门）	设备科/李某	20××/6/30	

四、PDCA 循环法

PDCA循环法又称戴明循环法（PDCA cycle），是20世纪50年代由美国质量管理专家威廉·爱德华兹·戴明（William Edwards Deming）首先运用于企业产品质量管理的持续改进过程。戴明循环法的基本思想是，任何一项工作由四个阶段组成：计划阶段（plan）、实施阶段（do）、检查阶段（check）和处理阶段（action）。通过每个阶段的总结、调整和循序渐进的改进，不断提高管理水平和产品质量，参见图7-8。事实上，ISO 9000质量管理体系中推行的质量持续改进思想，完全与PCDA一致。

图 7-8   PDCA 持续改进法

（一）计划阶段

在进行质量管理过程中，首先需要分析客户要求和企业发展目标，确定产品和质量目标，制定实现目标所必需的标准、政策和保障措施，特别是对质量保障过程的实施方法和技术路线，需要进行周密的计划。在计划阶段，实际上要解决"5W+1H"问题。

（1）What：要做什么，就是分析和识别客户需求，明确需要解决的问题，确定需要实现的具体目标，分析潜在的风险，提出具体的解决方案，并对方案进行论证。

（2）Why：为什么要这样做，需要对提出的解决方案进行科学论证：一是首先需要明确行为动机，理解客户需求的市场背景及产品的市场潜力、竞争性与市场战略意图，即实施具体解决方案的目的和意义；二是分析制定各项保障政策和措施、过程质量控制方法、技术或策略的可行性、效用与效率。

（3）Who：谁来做，或由谁来实施解决方案，是一个人力资源的组织与管理问题，包括过程质量控制和检查审计工作的安排与落实。

（4）When：什么时候开始实施以及什么时候实现目标，包括阶段计划和阶段目标等季度安排。

（5）Where：在哪里实施，即实施计划或方案的地点。

（6）How：采用什么政策、过程方法、保障措施、技术路线及资源等来实施解决方案中提出的任务，以实现设定的质量目标。

通过以上"5W+1H"，对提出的解决方案进行论证，完成任务开始阶段的计划工作。

（二）实施阶段

实施阶段就是具体执行解决方案，落实保障措施，按照设计要求和制定的产品质量目标，按期完成指定任务。高效的组织执行力充分体现在解决方案内容的具体落实和有效实施，也是检验计划阶段提出的解决方案和质量控制过程效用与效率的过程。

（三）检查阶段

检查阶段的目的是对计划阶段所提出的解决方案的实施结果进行检查和评估，对质量管理绩效进行考核。另外，从产品的市场反馈和客户满意度角度，对产品质量进行检验。按照质量目标、企业发展战略和客户反馈，综合评价产品质量及质量管理体系，以总结经验，保持持续改进。

（四）处理阶段

处理阶段亦即根据检查阶段的评估结果和改进建议或整改方案，对产品质量进行改进。在这一阶段，是充分体现 ISO 9004 推行的现代质量管理体系中持续改进方针的重要环节，是企业不断提高产品质量、提升客户满意度和增强企业品牌影响力的重要战略举措。

PDCA 是一个不断循环、不断改进和不断提升的过程。因此，PDCA 也是循序渐进和持续改进过程。根据"产品质量关口前移"的现代质量管理思想，PDCA 不仅适用于某一产品生命周期中的四个阶段，实际上它的每一个阶段都可以采用 PDCA 方法对本阶段的工作进行优化，将各环节中可能出现的质量风险消除在具体实施之前。

第六节 质量控制基础

分析质量的目的在于及时发现质量问题，以便能够及时采取有效措施进行解决，防止质量问题延续到下一环节或者影响后续质量，尽可能及时消除或者减小质量影响范围。

在有形产品生产过程中，产品的各个部件通过每一道工序进行控制，即过程质量控制。即使个别产品存在质量问题，在出厂投放市场前就有可能发现问题并予以解决，客户并没有机会直接接触产品生产过程，这就减少了顾客对产品质量抱怨的机会和可能。

而民航运输不同，其产品是一个服务过程，产品在对旅客服务的过程中生产并同时交付。换言之，民航客户直接感受民航产品的大部分生产过程。另外，民航运输生产线长，影响产品质量的不确定因素多，旅客对服务质量的认同标准或满意度标准离散性大。因此，民航运输必须建立完备的质量保障体系和科学的质量控制方法，才能实现产品的质量目标。

一、产品管理

如同有形产品管理一样，民航运输同样需要进行产品管理，以提高产品质量。产品管理包括以下重要内容。

（一）产品计划管理

通常而言，当一个航空公司或机场面向社会开始营运之前，首先面临的问题就是它向社会可以提供哪些服务。例如，某航空公司计划开展国际旅客定期航班业务，它需要考虑开辟哪些航线、航线市场需求如何、主要服务对象是哪一类旅客、每条航线计划每周多少班次航班、采用何种机型、机上提供哪些服务、机票价格如何、销售网络、地面服务代理、与目的地机场的关系、航权问题等，这就是航空公司的产品设计。相应地，根据航空公司的需求，机场配套提供哪些服务，以及机场能够提供哪些服务，这就是机场的产品设计。

无论是航空公司还是机场，都需要根据市场需求和客户期望进行产品计划管理。产品计划管理包括产品规划、产品设计、产品质量标准、产品内涵、产品定价、产品发布计划、产品维护等。产品计划的科学管理是保障产品质量的前提。通过产品计划管理，能够实现产品稳定性和产品质量稳定性，有利于产品质量的持续改进和客户满意度的不断提升，并不断增强企业的市场竞争力。

（二）产品的目标驱动设计

ISO 9000 质量标准系列现代版的最大特点：一是质量的持续改进，二是质量标准之一是客户满意度。

例如，一位有宗教信仰的旅客在飞行旅途中享受了很好的服务，遗憾的是机上乘务员给他/她提供的是不符合宗教信仰的餐食。人们可以想象这位旅客的反应。根据传统的质量观点评价，对这位旅客提供的产品质量无懈可击。但是，旅客对提供的"优质服务"却极度不满意。因此，ISO 9000 质量标准系列推行的现代质量管理体系关于质量的评价，不仅强调产品质量的硬指标，同时需要关注客户需求和客户满意度这些弹性软指标，这也是产品的目标驱动设计原则。

产品的目标驱动设计即产品为谁而设计，产品的主要消费对象是市场细分中的哪些消费群体，他们对产品的满意程度如何。目标驱动设计原则强调产品的针对性，更强调客户对产品的满意度。

（三）产品配置管理

所谓产品配置管理，就是产品所包含的内容的管理。根据产品的不同设计规格，产品所包含的内容不同。产品内涵不同，产品所针对的市场和消费对象不同、投放市场的时机和竞争意图不同，当然价格也会不同。因此，产品内涵具有产品计划阶段所赋予的市场意义。产品配置管理的目的在于，根据企业市场计划和竞争意图，对投放市场的产品内容进行配置和相应管理。特别是在产品质量管理过程中，通过产品配置管理，保障产品内涵的一致性和产品质量的稳定性。

例如，同一航空公司的旅客航班，在不同航线上提供的机上服务可能不同，即便是票价相当或者航距相当，但是由于航线目的地的地域文化差异、机上旅客群体差异、国际国内航线差异、季节或航班时段差异、出于市场竞争等因素，便会出现同一产品在不同的航班上出现不同的配置。

二、过程质量控制方法

产品过程质量控制，是保障产品质量的关键措施。ISO 9004：2009 的核心思想就是采取有效的过程方法，对产品过程质量进行管理。

（一）质量管理体系

有效的过程质量管理，首先需要建立基于 ISO 9000 现代管理思想的质量管理体系，进行有组织、有计划、有目标、有规范和不断改进的质量管理，从产品的设计开始，包括产品生产和产品售后服务的产品全寿命周期质量保障，才能够真正实现产品过程质量保障。

民航运输服务按其与旅客的直接程度可以分为两条线：一条线是直接服务旅客或者货物托运人的岗位，通常称为前台服务，亦称窗口服务，如售票、问讯、值机、安监、候机区服务、登机、机上服务、行李提取、货物交运等；另一条线是为航班提供保障服务的岗位，不直接为旅客或货物托运人提供服务，通常称为后台服务，如市场销售、航班调度、吨控配载、行李货物装卸与仓储、机坪服务、机务维修、航班运行控制、飞机驾驶、安全管理等，参见图 7-9。无论是前台服务还是后台服务，都需要建立完备的质量管理体系，以保障所有岗位都将按照岗位责任、岗位操作规范、岗位工作计划和岗位工作质量标准等要求进行操作，完成航班服务所涉及的各项工作。此外，现场质量监督和检查机制是必要的。

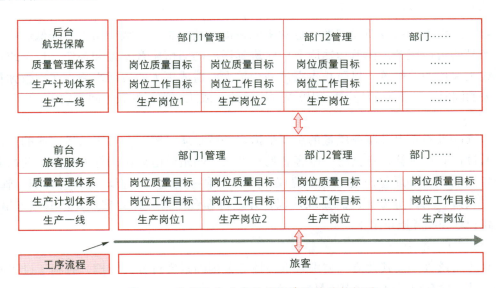

图 7-9　民航运输生产质量保障体系结构框图

（二）前置控制

质量管理中的前置控制，实际上就是"质量关口前移"。古人云："人非圣贤，孰能无过？"即便是圣贤，根据墨菲理论，也难免不出现差错。因此，为避免或减少差错，特别是关系安全的质量问题，必须尽早发现和消除在萌芽之中。

前置控制法旨在通过对民航运输过程中的每一个操作环节，在制定操作手册和质量标准的过程中，就需要详细分析可能会产生操作差错的可能性，差错可能带来的负面影响或者不良后果，产生差错的原因，以及采取的应对措施，以避免发生或降低发生差错的可能性。前置控制法的具体实施步骤如下。

（1）分析操作流程。

（2）识别质量风险，即可能出现的差错。

（3）分析差错原因及其影响。

（4）制定应对差错的具体措施。

（5）分析应对差错措施的有效性。

（三）过程控制

过程质量控制又称为质量实时控制或动态控制，是对具体作业过程的质量进行现场监督、检查和控制，及时掌握质量动态。特别是无形产品，它不像有形产品通过封闭生产线在无干扰环境中自动化制造可以保证产品质量一致性和稳定性，民航运输服务受不确定因素影响较多，不仅需要岗位自检和专人抽检，还需要现场巡检、设备监控等措施，及时把握服务现场动态。特别是在不正常航班服务过程中，现场情况更为复杂，更需要加强对现场服务的巡查、指导、协调控制，以保证航班服务质量。在过程质量控制中，班组集体责任制也是一种提高服务质量的有效方法，通过班组内各岗位互帮互查，或者一些较为重要的岗位，采取双人值班制，有助于及时提醒和及时纠正差错。

（四）后置控制

对已经发生的服务质量问题，通常采取积极补救措施，以减少损失或降低影响。如有形产品的售后服务，民航运输服务中航班延误后的滞留旅客安置和补偿、行李或货物损坏或丢失后的赔偿等，以防止事态进一步扩大而造成更大的负面影响。在积极弥补服务缺失的同时，更重要的是需要积极采取措施防止或减少类似的服务问题发生。

（五）质量跟踪

持续改进不断提升服务质量的重要举措之一就是质量跟踪。对于已经完成的运输服务，通过设立意见箱、意见簿、旅客意见征询表、网站或电话访问等方法，主动征询旅客或货主的评价和质量改进意见或建议，广泛听取一线生产和管理人员对计划、管理、设备、政策、工具等方面的意见或建议，并进行综合分析，针对重点，采取改进措施，以提高管理和服务质量水平。

（六）分类控制

对产品或服务按其性质、类别或重要性等关键因素实行分类管理，有利于过程质量控制，是一种有利于提高过程质量的有效方法。

在航班运输服务中，通常有以下几种分类方法。

1. 按服务对象分类控制

按照服务对象的性质，民航运输服务通常分为旅客运输服务、行李运输服务和货运运输服务。旅客运输服务和行李货物运输服务存在本质的差异，无论在机场和航空公司，通常设置单独部门进行专业管理。在旅客运输服务过程中，服务对象是具有情感认知和优劣评判能力的人，旅客对机场和航空公司所提供的服务进行全程感受和评判，更为重要的是旅客的评判"标准"具有因人而异的离散型。因此，影响旅客运输过程质量的关键因素中服务人员的服务态度和亲和力占有很重要的地位，直接影响旅客对产品的满意度。另一个重要的质量影响因素是航班正点率，而影响这一质量指标的中间环节十分复杂，也是国内外民航业界要共同努力改善质量的领域。

在行李和货物运输服务过程中，接收和交付行李货物环节具有与旅客运输服务相同的特点，而影响行李货物运输服务质量的关键因素则是行李货物的完好性以及正点率，这也是国内外民航业界为之共同努力提高质量的领域。

因此，民航运输服务需要根据分类特点采取针对性措施进行过程质量控制。

2. 按岗位分类控制

在民航客货运输服务流程中，岗位就是流程中的一个环节，就是产品的一个部件加工点，岗位服务质量就是部件质量。流程中的岗位不同，则服务内容和质量要求都会存在差异。例如，地面旅客服务和机上旅客服务、安检与安保、地面特种车辆驾驶和飞机驾驶、地面设施设备维修养护与机务维修、机场旅客候机区管理与机舱管理等，其服务内容、操作要求和质量标准存在着本质性的差异。因此，需要根据具体岗位内容分析质量风险、采取应对措施、制定质量标准、设定评价方法。

3. 按航线性质分类控制

按航线性质分类进行质量控制，通常主要有国际航线和国内航线之分、干线和支线之分、远程和短程航线之分。

国际航线和国内航线运输服务的主要区别：国际航线运输需要提供海关、边防和商检服务，这些环节直接影响旅客通行的便利性。此外，根据国际法规和航线通航国法规、针对航线地域特点的国际旅客服务，都直接影响过程质量。

干线和支线运输服务的主要区别：干线运输涉及枢纽机场中转旅客或行李的换乘便利性和航班可衔接性。远程和短程航线服务差异主要在于旅客运输服务，远程旅客更多的关注航班正点率、机上服务和机场候机期间的配套服务，而短程航线旅客更为关注航班频率和航班正点率。由于航线差异，为保障运输服务过程质量，尤其是旅客运输，则需要针对航线特点设计产品，采取针对性措施，以保障过程质量。

4. 按重要性分类控制

按照旅客或货物的重要性分类提供差异化服务，不仅是市场营销策略的需要，也是服务管理和质量控制的需要。例如，旅客按机票舱位等级分类服务，通常分为要客、头等舱、公务舱、经济舱和特殊旅客等类型，其中要客的社会重要性、头等舱和公务舱旅客票价高，相对于一般经济舱旅客，前者对航空公司而言显得要重要一些，需要提供的服务不仅候机环境、机上座位、给予的服务等规格要高一些，而且在行程中受到的礼遇也有较大差异。因此，要客、头等舱和公务舱旅客的服务规程、质量标准等要求也要高。在机场候机服务中，如航空公司对常旅客，社会组织（如旅行社）对它们的客户，都按其贡献进行分类，如划分为钻石级、白金级、黄金级和普通客户等，并制定不同的服务规格和权益，分别提供不同内涵不同价值的服务，包括服务设施设备和服务人员等，理所当然的，服务质量要求和质量评估要求也不同。

行李和货物运输中通常按照货物的特点和价值进行分类，如鲜活易腐、易碎、危险品、快件、仪器设备和贵重物品等，进行分类处理、包装、仓储和运输。

5. 工序分级控制

对产品或服务按其生产或服务流程顺序或岗位内容重要性进行分级控制。分级控制有如下基本方法。

（1）对于一些直接影响质量的岗位，除采用工序之间实行互检复核制（即，一个岗位至少两名员工同时操作，对操作相互核对，如飞行员的正副驾驶、机务维修）之外，还在工序之间设置质量控制责任，采取分级联控制。分级联控的基本思想是，下一道工序对上一道工序的质量或效果进行确认，及时发现差错，不让差错延续到下一道工序，以实现过程质量控制。例如，航班运控部门的飞行签派计划必须得到机长的如同，机务维修结果需要复核后才能认可，行李收运员对值机员收运的行李认为不合格则有权退回重新处理，售票—值机—安检—登机门—机舱口对旅客身份的确认，等等，都属于分级联控的典型范例。

（2）工序分级控制的另一层目的是，对于一些不直接影响服务质量的环节，可以简化服务流程，实行岗位自检自查，或互检互查，这样可以降低成本。

（3）由于民航运输服务的生产线长，分布空间广，因此需要针对具体服务特征、特点和质量要求，采取不同的并且行之有效的质量控制措施和方法，使过程质量良好的控制状态之中。

第七节　民航运输服务质量标准

有关民航运输服务质量的国家和行业法规还有《中华人民共和国民用航空法》、《中华人民共和国民用航空安全保卫条例》、《中国民用航空安全检查规则》、《航空运输服务质量不正常航班承运人服务和补偿规范》（试行）、《民航航班正常统计办法》、《民用运输机场应急救援规则》、《民用机场环境卫生标准》等。

有关民航运输服务质量的国际标准，在《国际民用航空公约》及其附件中对航行服务、机场规划与设计等方面都提出了基本要求。国际机场理事会制定了有关机场服务质量的标准和测评机制，国际航空运输协会和国际机场理事会等国际组织通过民航旅客服务质量调查、机场设计参考手册、机场运行手册、地面服务协议标准等方式对航空公司和机场等民航服务组织的民航旅客服务质量提出了基本要求。

本　章　小　结

提高民航运输服务质量，不仅需要建立基于 ISO 9000 的现代质量管理体系，更重要的是整个组织的全体员工首先需要建立牢固的"全面质量管理"和以"顾客满意"为质量目标的意识，特别是组织的领导对质量管理的认识和重视，是实施各项质量管理措施的关键。

民航运输服务质量管理不仅要提高服务质量，更要关注顾客的需求和满意度，实施持续改进和不断提高服务质量的长远战略。

思 考 题

1. 什么是产品质量？

2. 阐述无形产品的质量及其标准的特点，以及它与有形产品的区别。

3. 民航运输业的产品和质量是指什么？

4. ISO 9000 质量标准系列的内涵是什么？

5. 民航运输服务质量行业标准有哪些？

6. 说明民航运输服务标准化管理及其重要性。

7. 如何从技术角度对民航运输服务质量进行控制？

8. 什么是持续质量管理？

9. 浅析以"客户满意"为质量目标的意义。

第八章　国际航空运输管理

🛫 **学习目标**

- **知识目标**

  掌握有关国际民航运输市场准入准出的相关基础知识和基本法规、九大航权的基本思想以及国际民航多边运输协议的作用与基本内容。

- **能力目标**

  具备运用九大航权知识分析和开拓国际民航运输市场、运用相关国际法律法规参与维护我国民航运输企业合法利益的基本能力。

- **素养目标**

  使学生牢固树立坚定维护中国航空运输企业在国际竞争中合法权益的高度意识，坚定维护国际航空运输安全、公平、有序发展，合理合法用好国际航权，为我国建设"民航强国"、加强国际航空运输合作而贡献力量。

随着世界经济全球化进程不断向前发展，世界各国之间的人员交往和物资流通更加频繁，航空运输已经成为现代社会的主要交通运输方式之一。维护国际航空运输安全、公平、有序地发展，维护本国航空运输企业在国际竞争中的合法权益，成为国际航空运输管理的重要内容，需要世界各国在统一原则的基础上平等协商与公平合作。

第一节　基 本 概 念

国际航空运输首先涉及两个重要的基本概念：国家主权和领空主权问题。

一、国家主权

在国际事务中，尊重国家主权是一个至关重要的、最基本的原则性问题，是任何一个国家从事所有国际事务包括民用航空运输活动的必要基础。1946 年 12 月 6 日，联合国大会通过的《国家权利义务宣言草案》第一条就首先明确指出，"各国有独立权，因而有权自由行使一切合法权利，包括其政体之选择，不接受其他任何国家之命令"。这个独立行使的国家权力，就是国家主权。1970 年 10 月 24 日，联合国大会通过的《关于各国依联合国宪章建立友好关系及合作之国际法原则之宣言》中强调，"各国一律享有主权平等，包括各国法律地位平等、每一国均享有充分主权之应有权利、国家之领土完整及政治独立不得侵犯、每一国均有权利自由选择并发展其政治、社会、经济及文化制度等"。因此，一个国家行使它的独立主权，对在本国领土和领空范围内从事航空活动的所有人员和组织依法进行管理，并对本国航空运输企业在国外的航空运输事务进行管理。中国政府一直依据《中华人民共和国宪法》中确立的"坚持互相尊重主权和领土完整"等五项基本原则，开展各项国际事务和活动。

二、领空主权

1919 年 11 月通过的《国际民用航空公约》（又称巴黎公约）确立了国际领空主权原则。1944 年 12 月，在美国芝加哥修订的《国际民用航空公约》（又称芝加哥公约）中，进一步明确了领空主权原则，强调国家领空主权是"缔约各国承认每一个国家对其领土之上的空气空间具有完全的和排他性的主权"。这个"领土之上的空气空间"，就是一个主权国家的领空。《国际民用航空公约》中进一步明确指出，"一缔约国的国家航空器，未经特别协定或其他方式的许可并遵照其中的规定，不得在另一缔约国领土上空飞行或在此领土上降落""除非经一缔约国特准或其他许可并遵照此项特准或许可的条件，任何定期国际航班不得在该国领土上空飞行或进入该国领土"。中国是一个独立主权国家，依据《中华人民共和国民用航空法》第二条，"中华人民共和国的领陆和领水之上的空域为中华人民共和国领空。中华人民共和国对领空享有完全的、排他的主权"。

三、领空范围

一国领土的疆界，通常有明确的地理地貌特征或树立界碑等隔离障碍物作为国界分界线。根据领空就是"领陆和领水之上的空域"或"领土之上的空气空间"，通常认为，由于地球呈球状，为了划定领空边界，从地球中心沿领土（即领陆和领水）疆界向空中做射线，射线与大气层相交后所包围的空气空间，就是一国的领空。关于大气层之上的太空主权问题，目前国际上尚无定论。

第二节　国际民航的重要公约

自 1918 年 11 月 11 日第一次世界大战宣告结束以后，各国政府为保护本国的安全和利益，在国际民航组织各成员国政府的共同努力下，先后制定和通过了一系列国际性民航公约，并随着国际政治、国际经济和国际航空运输业的不断发展，为世界航空运输业的安全、公平、有序发展，提供了法律保障。国际民航组织主持制定并经成员国签约生效的公约，主要分为三大类：一是基本法，二是关于国际航空运输业务类，三是国际航空运输安全类，其中一部分公约在国际民航法制建设中产生了重要的历史性影响和巨大的作用。

一、国际航空基本法 ——《国际民用航空公约》

1919 年 10 月 23 日，在法国巴黎召开的和平会议最高理事会上，通过了国际航空领域的第一部法典：《关于航空管理的公约》，又称《国际民用航空公约》，即《巴黎公约》。这是国际航空史上的第一部大法，也是世界航空运输业的基本法，对国际航空运输业健康发展产生了重要影响。它第一次确立了领空主权原则，明确了无害通过领空的权利和限制，以及国际航行的基本规则和必要条件。《巴黎公约》对航空器的分类、国籍登记、适航性、出入境、机组人员执照以及禁运物品管理等作出了具体规定。1944 年 11 月 1 日至 12 月 7 日期间，来自 52 个国家的代表参加了在美国芝加哥召开的国际民航会议，通过并共同签署了包括《国际民用航空公约》《国际航班过境协定》和《国际航空运输协定》在内的 3 个重要文件，为国际航空运输发展奠定了法律基础。

1944 年 12 月 27 日通过的《国际民用航空公约》（又称《芝加哥公约》），是对 1919 年《巴黎公约》的修订，对国家领空主权和保证国际航行安全等做了进一步的明确规定，对航行技术、行政管理、运输经营等国际性问题做了进一步的详细阐述，成为一个更为广泛接受的航空法典。《国际民用航空公约》于 1947 年开始生效。中国是《国际民用航空公约》的缔约国，1946 年 2 月 20 日中国政府批准该公约，1947 年 4 月 4 日公约开始对中国生效。1971 年 11 月 19 日，国际民航组织第 74 届理事会通过决议，承认中华人民共和国政府为中国唯一合法政府，1974 年 2 月，中国政府决定承认《国际民用航空公约》并自该日起参加该组织的活动。

二、国际航空运输业务类公约

国际民航组织的宗旨之一就是推进国际航空运输业的安全、公平、有序地发展。自国际民航组织成立以来，有关国际航空运输业务类的主要公约如下。

（一）《国际航空运输协定》

1944年12月27日，在签署《国际民用航空公约》的同时，通过了《国际航空运输协定》。该协定提出了"空中航行自由（flight freedom）"的概念（即航权），并明确了五项"国际航权"，为开展国际航空运输业务、规范国际航空客货运输市场秩序提供了法律依据。

（二）《商业航空公约》

1928年2月，在古巴哈瓦那通过了《商业航空公约》，故又称《哈瓦那公约》。该公约对国际性商业航空运输和造成的地面损害赔偿问题达成共识，为其后国际航空运输发展中的商业纠纷提供了协商解决的法律依据。1944年12月27日通过的《国际民用航空公约》取代了《巴黎公约》和《哈瓦那公约》。

（三）《统一国际航空运输某些规则的公约》

1929年9月12日，在波兰华沙通过的《统一国际航空运输某些规则的公约》，又称《华沙公约》，对航空运输范围、合同、运输凭证、承运人的责任和管辖权、损害赔偿认定及标准等进行了规定，中国政府于1957年7月加入《华沙公约》。

随着国际航空运输业的发展，《华沙公约》不断修订、补充和完善。1999年，国际民航组织针对修改过若干次的《华沙公约》在蒙特利尔通过了《统一国际航空运输某些规则的公约》（又称《蒙特利尔公约》）。从1929年的《华沙公约》到1999年的《蒙特利尔公约》的70年间，国际民航业经历了巨大变化，期间经过多次修改和完善的《华沙公约》形成了《蒙特利尔公约》，以适应新的国际航空运输发展形势。中国政府于2005年6月加入了1999年的《蒙特利尔公约》。

（四）《国际承认航空器权利的公约》

《国际承认航空器权利的公约》于1948年6月在瑞士日内瓦通过，故又称《日内瓦公约》。该公约对航空器的拥有权、转让权、租赁权、抵押权、典当权等权利给予了界定和规定，对国际航空运输业务中的航空器管理提供了法律依据。中国政府于1999年10月31日宣布加入《国际承认航空器权利公约》。

三、国际航空安全类公约

为了维护国际航空运输安全，打击任何针对民用航空器的犯罪行为，国际民航组织先后制定并通过了多项关于保障国际航空运输安全的公约，具有历史性影响的民航公约主要有以下几个。

（一）《关于在航空器内犯罪和犯有某些其他行为的公约》

《关于在航空器内犯罪和犯有某些其他行为的公约》于1963年9月14日在日本东京签订，故又称《东京公约》，中国政府于1978年11月加入。《东京公约》为制止危害航空器或其所载人员或财产的安全，或危害航空器上良好秩序和纪律等犯罪行为制定了国际性制裁根据，明确了机长制止和处置航空器内犯罪行为的权利和职责，以及对非法劫持航空器及其罪犯处置的国家权利、职责与义务等。

（二）《关于制止非法劫持航空器的公约》

《关于制止非法劫持航空器的公约》于 1970 年 12 月在荷兰海牙通过，故又称《海牙公约》，中国政府于 1980 年 9 月加入。《海牙公约》为世界各国共同打击非法劫持民用航空器犯罪活动达成共识，明确了对非法劫机犯罪行为及其罪犯进行坚决打击、惩处与引渡等事项的法律程序，并明确了相关国家的权利、职责和义务。

（三）《制止危害民用航空安全的非法行为的公约》

1971 年 9 月在加拿大蒙特利尔通过的《制止危害民用航空安全的非法行为的公约》，也称《蒙特利尔公约》，是对《东京公约》和《海牙公约》的强化与补充，对共同制止和打击危害航空运输与旅客安全的非法行为、对罪犯的引渡及相关国家之间的司法协助等事项，制定了更为详细的规定和程序，为共同打击国际航空运输活动中的犯罪行为提供了更为有力的法律武器。该公约还对国际航空承运人应当对旅客的人身伤亡、行李和货物损失，以及由于延误造成旅客、行李或货物的损失承担责任并予以赔偿等事项明确了责任。1980 年 9 月，中国政府宣布加入该公约。

第三节　国际航空运输市场准入管理

国际航空运输事务涉及国家利益，各国通过市场准入机制控制外国航空公司的进入，以控制本国航空运输市场的开放规模，保护本国航空运输企业的利益。

一、市场准入问题

市场准入是一个国家保障某一行业健康有序发展而设定的审批与控制机制，是一个进入行业的"门槛"。当一个国家的航空公司计划开拓国际航空运输市场时，它必须获得航线涉及的对方国家授予的航空运输市场准入许可，即准入权。航空运输市场准入权是准入国政府授予的一项航班运营基本权利，有条件或无条件地允许外国航空公司进入本国航空运输市场开展航空客货运输业务。航空运输市场准入权的审批和施行，完全基于《国际民用航空公约》的国家领空主权原则和有关国际公约精神。《国际民用航空公约》中明确指出，"除非经一缔约国特准或其他许可并遵照此项特准或许可的条件，任何定期国际航班不得在该国领土上空飞行或进入该国领土"。中国民航局 2008 年 6 月 11 日颁布的《外国航空运输企业航线经营许可规定》中明确指出，"外国航空运输企业申请经营外国地点和中华人民共和国地点间规定航线，应当符合中外双方政府民用航空运输协定或者有关协议的规定，并先经其本国政府通过外交途径对其进行指定"。

实际上，国际航空运输市场准入包含两项基本权利：一是航空运输业务经营许可权，又称航班运营权，是两国政府就开航的航线和航班量等事项经双方商定后达成的共识，是一个原则性的权利；二是航班业务权，即经营的业务范围，由两国政府商定经营旅客运输还是全货机运输业务等，包括班次、机型等要求，并指定航空运输企业，约定具体的航班运输计划事项。根据两国政府签署的航空运输协定，由指定的航空运输企业向准入授权国正式提交经营许可申请和航班计划申请，经授权国批准后实施。中国政府规定，"外航应当在其本国政府通过外交途径对其正式指定后依据本规定向民航局申请经营外国地点和中华人民共和国地点间规定航线的经营许可"。准入授权国政府通过审批市场准入权，并规定外国航空公司进入本国航空运输市场的业务范围，如航线、航班、飞机型号、飞行距离、业载限制、经停机场等。一方面，通过市场准入许可的审批控制，保护本国、本地区或经济联盟体的利益；另一方面，作为进入另一个国家、地区或经济联盟体航空运输市场的交换条件。

二、业务经营管理

国际航空运输市场准入许可的内容之一是业务经营权，是一国政府授予另一个国家指定航空公司在授权国的业务经营范围，即指定承运人、每周航班次数、航班机型、航班经营方式等事项，并在航空运输协定中加以详细说明。通过对业务经营权的管理，一方面体现双方平等互惠原则，另一方面体现对本国民航运输市场和民航运输企业的保护。

业务经营权利范围还包括飞越权、技术性经停权、加班飞行权等一系列问题。获得、保护、保留或撤销这些权利，两国政府通过平等商定并在相关的航空运输协定中阐明。

三、运力管理

运力是航空运输企业运营能力的体现。在国际航空运输市场准入的协定中，准入运力标志着授权国允许开放本国航空运输市场的程度。换言之，在两国的航空运输协定中，将明确说明准入航班在运营航线上的机型和座位数或吨位。这种运力协定可以是对等的，也可以有差额而通过其他途径进行补偿。

第四节　国　际　航　权

在国际航空运输事务中，虽然两国政府双方商定同意有条件或无条件向对方开放航空运输市场，向指定航空公司授予市场准入许可权，但是就业务经营权而言，还有许多细节需要商定，即准许对方航空公司采用什么方式经营指定的航线，这就涉及航行权问题。航行权又称航权，是"每一缔约国给予其他缔约国定期国际航班的空中自由"，是国际民航组织制定的一种国家之间航空运输许可权。欧盟将"航权"描述为"是指定航空承运人在两个共同体的机场之间进行航空运输服务载运旅客、货物或邮件的权利"。通过航权规范国际航空运输业务经营权。目前世界上国际航空运输活动中的航权有 9 种，其中前 5 种已经国际民航组织大会通过并在《国际航空运输协定》中得以确定。

一、第一航权——飞越权

第一航权又名"飞越权"，指"不降停而飞越其领土的权利"。

国际航空运输市场准入中的业务经营权涉及领空飞越权（又称过境权），授予另一国家的定期航班或不定期国际航班飞机不降停地飞越授权国领土的特许权。图8-1中的"承运人"即为被授予航班业务经营权的航空公司，"承运人所属国"为该指定航空公司所注册的国家（以下几个航权示意图中均为同义）。

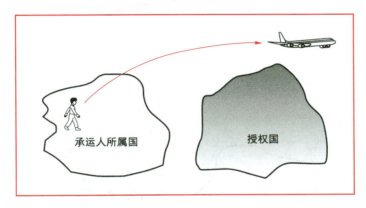

图 8-1 "第一航权"示意图

二、第二航权——技术经停权

第二航权又名"技术经停权"，指"非运输业务性降停的权利"。

根据《国际航空运输协定》，允许另一国指定航空公司的定期或不定期国际航班在市场准入授权国领土上的指定机场降停，但不得有任何商业性行为。例如，航班飞机在途中加油、进行紧急维修、处理某些特殊事件等情况，航班飞机在授权国的指定机场降停，这种降停属于非商业性载运业务，尽管有可能在降停地需要临时卸载客货，但是降停事件结束后，该飞机需要装上所卸载的所有客货继续飞往目的地，如图8-2所示。

三、第三航权——目的地卸载权

第三航权又名"目的地卸载权"，指"卸下来自航空器所属国领土的客、货、邮的权利"。

市场准入权授权国授予另一国指定航空公司许可权，允许该航空公司的定期国际航班在授权国领土上的指定机场卸载来自承运人所在国的旅客和货物。显然，第三航权才是真正的经营业务权，表明被授权承运人获准向航班业务权授权国运送旅客或货物，如图8-3所示。

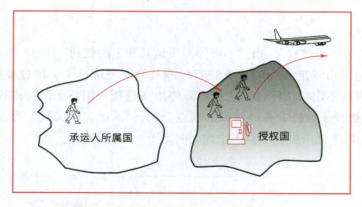

图 8-2 "第二航权"示意图

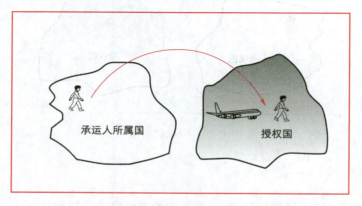

图 8-3 "第三航权"示意图

四、第四航权——目的地装运权

第四航权又名"目的地装运权",指"装载前往航空器所属国领土的客、货、邮的权利"。

市场准入权授权国允许被授权承运人的定期国际航班回程从授权国的指定机场装载旅客或货物飞回承运人所在国。这一权利表明,授权国允许被授权承运人在授权国经营旅客或货物搭载业务,如图 8-4 所示。

不难看出,只有获得授权国的第三和第四航权,被授权航空公司经营定期国际航班才具有真正的市场意义。

例如,根据中国政府与美国政府签署的双边航空运输协定,两国同意在上海和纽约之间开设航线经营国际航班,东航是中国政府指定可以经营这条航线的航空公司之一。因此,东航经营上海—纽约航线,需要获得美国政府授予的第三航权和第四航权,才能经营这条航线的来回程旅客航班。此外,还需要向航线途经国家申请第一航权和第二航权,一方面为了允许飞越其领空,另一方面为了允许航班飞机在其领土上备降。

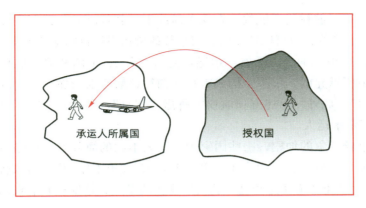

图 8-4　"第四航权"示意图

五、第五航权——第三国运输权

第五航权指"装载或卸载来自任何其他缔约国领土客、货、邮的权利"，又称"经停国运输权""第三国运输权"。

市场准入授权国允许另一国指定航空公司的定期国际航班在授权国下载来自第三国的旅客（货物），或从授权国装载来自第三国的旅客（货物）飞往其他国家。换言之，根据第五航权，被授权航空公司可以利用授权国指定机场作为航线的中间业务降停站（而不仅仅是兼做第二航权的技术经停站），可以卸载或者装载客货。这一权利表明，允许被授权承运人在授权国指定机场经营旅客或货物的运输业务具有较大的经营范围，如图 8-5 所示。由于"第五航行权"从法律上意味着授权国向被授权承运人所在国更大范围的开放航空运输市场，分享了授权国航空公司的国际航空运输业务，对于授权国保护本国航空运输市场无疑是一个挑战。

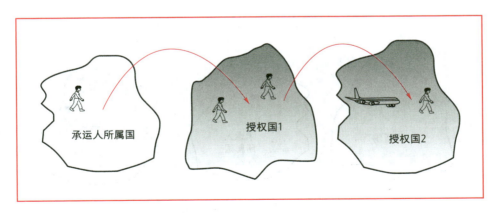

图 8-5　"第五航权"示意图

例如，2003 年 5 月 22 日，由新加坡航空公司执飞的新加坡（SIN）—厦门（XMN）—南京（NKG）—芝加哥（ORD）/洛杉矶（LAX）国际货运航线首航，这是中国开放的第一条第五航权货运航线。在这条航线上，新加坡航空公司在厦门和南京可以卸载来自新加坡的货物，也可以从厦门和南京装载货物飞往目的地芝加哥／洛杉矶。

根据国际民航组织的《国际航空运输协定》，第三、第四和第五航权"所规定的权利，每一缔约国所承允的，仅限于构成来自或前往该航空器所属国本土的合理的直接航线上的直达航班"。此外，上述五项航权中所指"航空器所属国"，实际上是指市场准入被授权国家的指定承运人。

随着运输市场竞争的加剧，一些国家为了扩大本国的海外航空运输市场，在原有国际认可的五项航权基础上，又提出了"第六航行权""第七航权""第八航权"甚至"第九航权"。随着世界经济全球化和世界航空运输业的发展，这四项新航权已经在部分国家和地区施行。

六、第六航权——本国经停运载权

第六航权是指经过承运人本国装上或卸下前往或来自任何其他国家旅客、货邮的权利，如图8-6所示。

根据第六航权，授权国允许另一国指定承运人的国际定期航班在授权国指定机场卸载或装载来自或前往承运人所在国（作为经停点）的旅客（货物），而这些旅客（货物）可以由该承运人的不同航班运往第三国或承运人所在国。例如，国航（CA）执飞伦敦（LHR）—北京（PEK）—首尔（GMP）航线。根据第六航权，国航以北京作为该航线的中间经停点，在北京可以卸载来自在伦敦装载的旅客（或货物），然后在北京装载旅旅客或货物从北京飞往首尔，而北京飞首尔的航班可以是国航伦敦飞北京的同一航班，也可以是国航的不同航班。此外，在北京转载运往首尔的旅客或货物，可以是来自中国也可以是来自其他国家。因此，国际上也把第六航权称为第三航权与第四航权的组合运用。

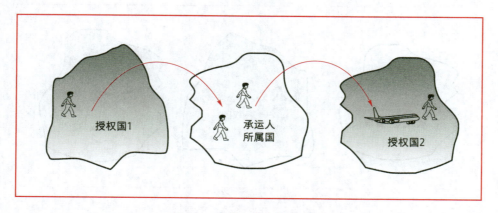

图8-6 "第六航权"示意图

七、第七航权——完全第三国运输权

第七航权是指在授权国领土内建立基地，装上或卸下前往或来自其他国家的旅客和货邮，如图8-7所示。

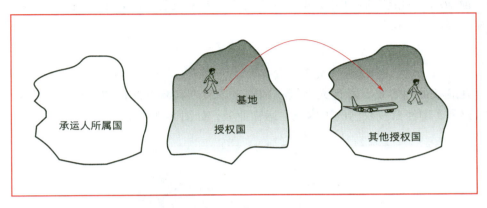

图8-7 "第七航权"示意图

根据第七航权，承运人经营完全本国以外的国际航空运输业务，在授权国卸载或装载来自或前往其他国家的旅客（货物），然后飞往第三国或其他国而不是承运人所属国。例如，美国西北航空公司在新加坡建立基地，从该基地开设至东南亚国家的航班。按照这种方式，美国西北航空公司拥有类似新加坡航空公司的业务经营权，无疑增强了美国西北航空公司在东南亚地区的市场竞争力。

八、第八航权——国内载运权

第八航权是指承运人飞入授权国领土，在该授权国领土内的两个地点之间运送旅客、货物、邮件的权利，即经营授权国国内航空客货运输业务，如图8-8所示。

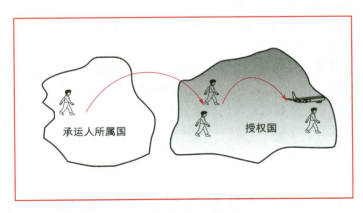

图8-8 "第八航权"示意图

例如，国航（CA）经营北京（PEK）—旧金山（SFO）—纽约（JFK）航线并享有美国政府授予的第八航权，因此，国航可以经营美国旧金山—纽约航线上的美国国内来回程航空客货运输业务。

但是，根据《国际民用航空公约》关于"国内载运权"的阐述，"各缔约国有权拒绝准许其他缔约国的航空器为取酬或收费在其领土内装载前往以其领土内另一地点为目的的旅客、邮件和货物"。

九、第九航权——完全国内载运权

第九航权的内容是，承运人在授权国领土内装上和卸下前往或来自另一地点旅客或货物的权利，即经营授权国的国内航空运输业务，如图8-9所示。

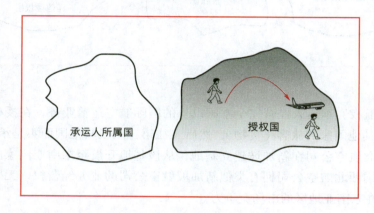

图8-9 "第九航权"示意图

与第八航权的区别在于，第九航权允许另一国指定航空公司在授权国领土内指定机场建立基地，并允许经营该授权国的国内航线业务，享有授权国本国航空公司的业务经营权，意味着授权国国内航空运输市场向被授权国完全开放。所以第九航权又称为完全国内运载权，也称之为"开放天空特许权"。

例如，美国政府授权国航（CA）在美国芝加哥（ORD）建立基地，并可以经营美国国内由芝加哥始发的来回程航班。

不难看出，上述第六、第七、第八和第九航权涉及更大程度地扩大在授权国内的业务经营权，这将增加在授权国国内航空运输市场的竞争程度。关于这四项航权，目前尚未得到国际民航组织及大多数成员国的完全认可。

第五节 国际航空运输多边协定

国际航空运输多边协定是一种国家之间的国际航空运输双边或多边协议，是一种基于《国际民用航空公约》就两个或者多个国家之间开展国际航空运输业务达成的协议而形成的国家外交文件，在平等、公平和互惠的原则基础上具体明确缔约国的权利、职责和义务。

　　国际航空运输与其他方式的国际贸易交往不完全相同，具有鲜明的特殊性。它直接关系国家的领空主权，涉及国家安全、对外政策、双边贸易关系和国家经济发展战略。因此，国际航空运输双边协定是在保障本国国家安全和国家经济利益的基础上，约定国际间航空运输业务关系，以促进国际间航空运输业的发展。

一、互惠业务权利

　　互惠业务权利是两国政府之间为平等互惠地开展国际航空运输业务而设定的基本原则和权利，双方"应在权利和利益方面享有合理平衡"，例如，航线、航班量对等、税费互惠或关税豁免、关联服务等，双方给予互惠互利。

　　例如，根据1980年中美航空运输协定，中国方面指定的第一家航空运输企业的航班航线为：北京—上海—东京或日本境内的另一地点—檀香山—洛杉矶—旧金山—纽约，美国安克雷奇可用作往返此航线的技术经停地点；对等地，美国方面指定的第一家航空运输企业的航班航线为：纽约—旧金山—洛杉矶—檀香山—东京或日本境内的另一地点—上海—北京。根据2004年中美航空运输协定，中美各方的航班数量将由2004年每周54班在未来6年内分阶段增至每周249班，中美指定航空公司将被允许飞往对方的任何城市。又如，根据1980年中美航空运输协定，"任何一方指定空运企业从事协议航班飞行的飞机，以及留置在飞机上的正常设备、零备件、燃料、油料（包括液压油）、润滑油、机上供应品（包括在飞行中出售给旅客或供其使用的有限量的食品、饮料、酒类、烟草和其他物品）和专供飞机的运行或检修而使用的其他物品，在进出另一方领土时，应在互惠的基础上，豁免一切关税、检验费和其他国家费用"，这也符合《国际民用航空公约》精神。协定中这些都是体现了双方遵循平等互惠的基本原则。当然，在航空公司具体实施双边协议内容的过程中，还有许多细节问题需要双方商讨，如航权问题。中美航空运输协定中除了当事国双方，还涉及日本，因此，还需要与日本签订中日两国之间的有关航空运输协定。

二、运力管理

　　为了维护本国利益，保持双方互惠和对等原则，两国的航空运输协定还对运力和运价等方面的管理原则和实施方法进行规定和说明。如运力安排中的每周航班量、机型和审批程序等事项。

　　关于运力，例如，1980年中美航空运输协定中曾经明确规定，"双方同意每家指定空运企业有权每周经营两个班次""如果一方未指定第二家空运企业，则该方第一家指定空运企业在另一方第二家指定空运企业开始经营航班时或在根据本协定任何协议航班开航后两年时，有权每周增加经营两个班次"，并对每一个班次的运力规格进行了明确的说明，"一个班次指，一架适航证上所注明的最大起飞全重不小于七十一万磅，但不大于八十万磅的飞机往返飞行一次；一架适航证上所注明的最大起飞全重等于或大于四十三万磅，但小于七十一万磅的飞机往返飞行一次半；以及一架适航证上所注明的最大起飞全重小于四十三万磅的飞机往返飞行二次""双方同意，各自指定空运企业在规定航线上载运的业务，就在另一方领土内上下的旅客人数和货物吨数而言，应合理平衡"。双方通过每周航班班次数量和每一架次飞机运载能力的规定，限制各方在对方国内市场的影响力，达到保护本国市场开放程度的目的。

三、运价与收费

两国之间的航空客货运输涉及国际运价和销售价格问题。虽然国际航空运输协会对国际航运有相关的指导运价，但是通航两国之间需要对销售票价进行协商和约定，两国政府有权对票价进行监督和审查。例如，在1980年的中美航空运输协定中就明确指出，"一方可要求向其航空当局申报前往或来自其领土的旅客运输所收票价。此种申报应在该票价拟议实施之日六十天前提出"。并且明确强调，"如经磋商达成协议，各方主管当局应确保不实施与该协议不一致的票价。如经磋商未达成协议，该申报的票价不应生效，而原来实施的票价应继续有效，直至制定了新的票价"，包括折扣票价。

根据《国际民用航空公约》精神，对双方指定航空运输企业在缔约国内接收有关航班服务时，应该根据双方签订的协议支付相应费用。例如，中美航空运输协定中非常明确，"一方指定空运企业使用另一方的机场、设备和技术服务，应按公平、合理的费率付费"。为了公平起见，"任何一方不得要求另一方的指定空运企业以高于向任何其他经营国际航班的外国空运企业收取的费率付费"。

四、其他相关服务

在两国的航空运输协定中，还具体规定协议指定承运人的运营资格申请程序，以及运营许可证发放程序，并对有关征收机场与地面设施使用费、油料供应、机务维修、适航资格认可、机组、旅客和货物进出对方国家的查验、紧急事件处理等事项，进行具体的规定和明确的说明。

五、协定的生效与终止

国家之间的航空运输协定中还包括有关法律性质的事项，如协定审批、生效、争议、终止、撤销、修改等程序性事项。

由于国际航空运输协定是国家文件，需要国家政府签署并批准才能生效，当终止协定时，则需要国家政府予以书面通知。

国家之间的航空运输协定是一个政治性、技术性和商业性紧密结合，具有时效性的法律性文件，协定谈判涉及国家外交、外贸、民航主管部门、航空公司、机场、空管等政府部门和航空运输企业，是国家关系发展的综合体现。

本 章 小 结

　　《国际民用航空公约》是保障国际民航健康发展的基本大法，在尊重国家领空主权的基础上，依据《国际民用航空公约》精神，通过双边合作，在国际和国内民航管理组织与相关法规的保障下，开展国际航空运输业务。

思 考 题

1. 《芝加哥公约》的主要精神是什么？
2. 中国政府加入了哪几个国际性民航公约？
3. 国际航空运输市场准入的主要内容是什么？
4. 试说明第五航权与第六航权的差异。
5. 为什么第六、第七、第八航权至今尚未完全得到国际公认？
6. 简述国际航空运输双边协定的主要内容。
7. 国际航空运输双边协定的重要性是什么？
8. 中美航空运输协定的主要内容有哪些？

第九章 民航运输信息服务

📖 学习目标

- ### 知识目标

  掌握有关信息和数据的基本概念、民航运输信息服务的基本内容和基本方法，了解几大民航运输信息管理系统的基本功能。

- ### 能力目标

  能够正确理解信息技术在现代民航运输服务中的重要作用和地位，了解和领会信息管理系统在现代民航运输生产组织、计划和运行管理中的重要作用，具有操作民航客货运输管理信息系统有关功能的能力。

- ### 素养目标

  使学生牢固树立作为民航运输服务内容的信息和作为生产工具的现代民航运输管理信息系统的重要性，牢固树立自觉维护信息安全和加强民航信息化建设推进"民航强国"建设的高度责任感。

第一节 基本概念

民航运输信息服务是现代民航运输服务的重要内容之一，不仅为了方便旅客出行随时了解航班动态，而且是航空运输全程工作实施、协调、指挥等工作安排和决策的依据。

经常乘坐飞机的人在机场几乎都听到过类似的广播："各位旅客请注意：我们很抱歉地通知，您乘坐的××××次六点十五分前往××的航班，由于本站天气原因不能正点起飞，我们深表歉意！请您在候机厅休息，等待通知。谢谢！"与此同时，候机楼的航班信息显示屏上、航空公司和机场的航班网站上会出现这一航班的"延误"信息，如图9-1所示。有的旅客还可能收到一条类似内容的手机短信。机场和航空公司通过上述类似的航班信息通报，向正在机场等候登机的旅客及时传递航班动态信息，以方便他们安排行程。

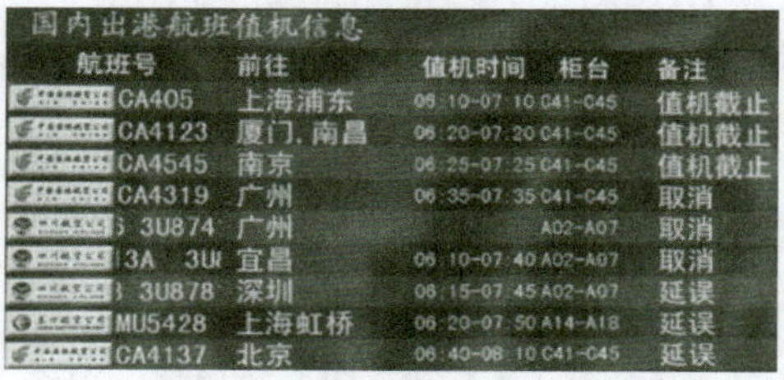

图 9-1 航班信息显示样例

民航运输信息服务涉及以计算机技术为基础的现代IT技术，这是一个高度专业化的高新科技领域。为了方便阐述和理解，这里简要介绍与民航运输服务相关的几个基本概念。

一、信息和数据

信息（information）和数据（data）是当今民航服务过程中广泛使用的两个基本概念。

（一）信息

信息，最早泛指音讯或消息，用于传递特定的内容或含义。在IT领域，信息特指电子通信系统传输和计算机处理的对象。随着计算机技术的发展，现在的"信息"内涵越来越广泛，凡是人类社会可以传播的一切内容，都可以称之为信息。

信息有几种表达形式：一种是通过声音，即音频信息，如语音、电话、录音等；一种是通过图像，即视频信息，如电视、录像、照片、图像等；一种是通过字符，如文字、符号、数字等；还有一种是肢体语言，通过肢体的特定动作，表达某种特定的含义，如手势、动作等。

（二）数据

这里的"数据"（data）与人们平常所说的数（number）不完全是一回事。凡是科学实验、检验、统计、计算等所获得的以及用于科学研究、技术设计、查证、分析、决策等的数值，都称为数据。音频信息和视频信息经过数字（digit，如二进制的"1"和"0"）化处理之后可以变成数据（data）存放在存储介质上（如磁盘、磁带、光盘等），然后可以导入计算机处理、存储或网络传输。实际上，这些特定格式并具有特定含义的数据，代表着特定的信息（即含义）。因此，数据是信息的一种表示方式，可以存储在某种介质（如纸张、磁带、磁盘等）上，是用于计算机处理和网络传输的特定符号。数据（data）是信息（information）的载体。

（三）数和数字

先看一个例子："这个航班飞机上坐了 150 名乘客"。

这里，"150"是一个具有数量概念（一百五十）的数（目）（number），它由三个十进制的阿拉伯数字（digit）"1""5"和"0"组成。10 个十进制的阿拉伯数字（digit）"1""2"……"9"和"0"可以组成若干个不同的数（目字），如 1 年有 365 天，1 天有 24 小时。

所有的数据，必须经过数字化转换成二进制数之后，计算机才能进行处理和存储，网络才能传输。计算机使用的二进制数只有两个数字：1 和 0（二进制，即逢 2 进 1）。通过这两个数字，可以组成若干个二进制数，用于表示计算机能够进行内部处理和存储的各种外部信息。

二、数据库管理系统

（一）数据库

我们知道，图书馆里有大量的图书资料，图书管理员按照图书分类编码方法，对每一本图书资料进行编码并贴上标签，然后按规则放入有序排放的书架上。当读者借书或者还书时，图书管理员只需按照图书资料上的标签编码，就能迅速地在相应的书架上取出或者放回指定的图书。

同样地，计算机在存储和处理大量的信息时，也需要按照特定的规则和方法对信息进行管理。这种以一定的格式和规则存储在一起、能够方便地进行数据增加、删除和修改操作，供多个用户共享的数据组织，称为数据库（database）。对数据库进行管理的计算机软件系统，就是数据库管理系统。

例如，中国所有航空公司和部分国外航空公司的航班信息、旅客订票和出票信息、航空公司票价及调整信息、旅客行李信息等，都存储在民航旅客订座系统（CRS，Computer Reservation System）的大型数据库中，旅客通过互联网或专门的计算机订座软件系统对订座信息和航班信息进行查询、订票、付款、出票等操作。

（二）数据库管理系统及其功能

数据库管理系统（Database Management System，DBMS）是一种操纵和管理数据库的软件系统，主要用于建立数据库、操作数据库和维护数据库，其基本功能主要如下：

（1）数据定义。为了方便用户对数据的管理，数据库管理系统提供一套操作工具和定义规则，用于对用户数据的格式进行规范，以便数据存储、数据查询和数据操作。

（2）数据管理。对数据库中的数据进行分类组织、存储和管理，以提高数据库的存取效率。

（3）数据操作。根据用户的要求，数据库管理系统对数据进行删除、更新、增加、修改或查询等操作。

（4）数据库操作管理。对数据库的各项功能的操作进行管理，包括数据库安全、数据库恢复、数据库控制等。

（5）数据库维护。为数据库的数据载入、转换、转储、数据库重组、恢复或备份进行操作，对数据库性能和运行状态进行监控等。

第二节　民航旅客信息服务

民航旅客信息服务方式多种多样，有音频信息、视频信息、文字信息，还有图形图片等，用于表示、指示或标识一定的含义，向旅客传达某些特定的服务意图，如方向、流程、用途等。

一、民航公共信息标志

在民航售票处、机场出发或到达大厅、候机区等旅客、机场和航空公司等人员经常出入的公共场所，往往需要设置一些国际标准化的公共标志，标明或指示服务设施或设备或地点的方向、位置。例如，中国民航局颁布《民用航空公共信息标志用图形符号》标准，如表9-1所示，就是机场的一些公共场所采用的标志规范。

表 9-1　民用航空公共信息标志用图形符号（节选）

图形符号	名　称	说　明
	机场 aircraft	表示民用飞机场或提供民航服务的场所
	入口 entry	表示入口位置或指明进入的通道
	出口 exit	表示出口位置或指明出口的通道

续表

图形符号	名　称	说　明
?	问讯 information	表示提供问讯服务的场所
（图形）	办理乘机手续 check-in	表示旅客办理登机卡和交运手提行李等乘机手续的场所
（图形）	出发 departures	表示旅客离港出发及送客的地点
（图形）	安全检查 security check	表示对乘机旅客进行安全检查的通道
No.5	登机口 gate	表示登机的通道口
（图形）	到达 arrivals	表示旅客到达及接客的地点
（图形）	行李提取 baggage claim area	表示到达旅客提取交运行李的场所

注：本表节选自《民用航空公共信息标志用图形符号》MH 0005—1997。

（一）标志分类

民航公共信息服务标志系统是机场设计和建设中的一项重要内容，是机场服务标准化、国际化的重要标志，是提高机场服务质量的重要措施之一。民航公共信息服务标志分为以下几类。

（1）功能类标识。用于标识某种功能或职能，如机场、国内或国际出发大厅、办理乘机手续柜台、安检口、登机口、出租车等候区、地铁站等，通常与指示方向的标志一起使用。图 9-2 所示标识办理乘机手续向前走。有些功能类标志就设置在目标处，如问讯处、收费处、医疗室、洗手间、吸烟室等。

图 9-2　功能性标志选例 - 办理乘机手续方向指示标志

（2）指示类标志。用于明确指示某些行为是否允许，如旅客止步、禁止吸烟、禁止携带违禁品等，如图 9-3 所示。

（a）禁止吸烟　　　　　　（b）禁止携带易燃易爆物品　　　　　（c）禁止携带枪支弹药

图 9-3　指示性标志选例

（3）方向类标志。用于指示方向，向左、向右或者向前，通常与功能性标志组合使用，如图 9-2 所示。

（4）流程类标志。用于引导旅客乘机过程中需要办理相关手续或经历步骤的服务设施或设备或者地点，如出发、问询、安检、值机、安检、边防、海关、行李、登机等。

（5）非流程类标志。表示与旅客乘机手续没有直接关系的服务设施或者设备或者地点，如餐饮店、书店、商店、免税店、宾馆、出租车、公交车、地铁等。实际上，机场的公共信息标志中，功能类标志分为流程性标志和非流程性标志。

（二）标志颜色

按照国家标准《安全标志及其使用导则》（GB 2894—2008），需要根据公共信息标志的作用来使用不同的颜色。例如，黑白色标志属于流程类标志，即与旅客乘机相关的服务信息标志，通常采用"白底黑图"；非流程类标志，如餐饮、洗手间、书店等与旅客乘机没有直接关系的信息标志，则采用"黑底白图"。如果使用彩色标志时：流程类标志采用"绿底白图"，非流程类标志采用"蓝底白图"。对于指示类或禁止类标志，采用白底黑图加红色斜杠和红色框。

（三）标志组成

公共信息标志通常由以下几大要素组成。

（1）功能标志。如图形或符号，表示功能形象、会意，容易理解它所表达的含义。例如，表9-1中的"机场"标识，旅客一看就明白是有飞机的地方，即机场。

（2）方向标志。用于指明该功能的服务设施或设备或者地点在什么方向，以便旅客沿着指引的方向寻找。

（3）配套文字。用于明确说明该标志所指示的服务内容，如图9-2所示。

二、候机楼语音信息

机场候机楼内的语言广播是传递民航服务信息的一种重要手段，能够及时告知旅客相关事项，使旅客及时掌握航班动态，也能够减轻人员服务强度，改善机场旅客服务。

机场候机楼广播用语，民航局颁布了相应的标准——《民航机场候机楼广播用语规范》。

（一）用语分类

根据《民用机场候机楼广播用语规范》（MH/T 1001-1995），候机楼广播用语可以分为三大类：航班信息类、例行类和临时类，如表9-2所示。

（1）航班信息类广播信息。主要广播与出发航班和到达航班相关的信息。对于出发航班，主要广播通知提醒旅客办理登机手续、登机，或者航班出发时间或者登机口有调整等信息。对于到达航班，主要广播航班已经到达机场，或航班有延误推迟到达等信息，以便接站人员准备。

（2）例行类广播信息。主要是程序性的或告知性的广播。例如，每一架次航班飞机起飞之前的一段时间，都要例行广播航班准备出发了，提醒旅客赶快办理登机手续或赶快登机。又如，每当航班飞机到达机场，机场服务部门都会例行广播××航班已经到达机场。

表9-2　民用机场候机楼广播用语分类

大分类	次分类	适用场合	目的
航班信息类	出港类	a.办理乘机手续类	a.开始办理乘机手续通知 b.推迟办理乘机手续通知 c.催促办理乘机手续通知 d.过站旅客办理乘机手续通知 e.候补旅客办理乘机手续通知
		b.登机类	a.正常登机通知 b.催促登机通知 c.过站旅客登机通知

续表

大分类	次分类	适用场合	目的
航班信息类	出港类	c. 航班延误取消类	a. 航班延误通知 b. 所有始发航班延误通知 c. 航班取消通知 d. 不正常航班服务通知
	进港类	a. 正常航班预告	
		b. 延误航班预告	
		c. 航班取消通知	
		d. 航班到达通知	
		e. 备降航班到达通知	
例行类	a. 须知 b. 通告等		
临时类		a. 一般事件通知 b. 紧急事件通知	

注：选自《民用机场候机楼广播用语规范》(MH/T 1001 — 1995)。

（二）用语规范

《民用机场候机楼广播用语规范》（MH/T 1001 — 1995）中明确了机场广播基本用语的格式、形式、内容和一些专用表达方式，要求广播内容表达准确、逻辑严密、主题清晰。

例如，根据表 9-2 的广播用语分类，办理乘机手续类广播有 5 种情况，《民航机场候机楼广播用语规范》对每一种情况的用语都提供了相应的用语模板。开始办理乘机手续通知的广播用语如下：

前往_____的旅客请注意：

您乘坐的〔补班〕_____次航班现在开始办理乘机手续，请您到_____号柜台办理。

谢谢！

Ladies and Gentlemen, may I have your attention please:

We are now ready for check-in for 〔supplementary〕flight _____ to _____ at counter No. _____.

Thank you.

其中，空白处为航班号或值机柜台号。

目前中国民航机场候机厅的航班类广播用语基本上都采用规范化的"语音自动播报系统"，规范统一服务用语和播报。

此外，航班飞机客舱服务广播用语，虽然没有统一的国家标准，但是各航空公司都有相应的内部规范，以规范公司内部所有航班的客舱服务用语。

第三节　航班信息服务

众所周知，民航业是围绕保障航班安全正点飞行运输而产生了一系列的生产岗位和岗位职能分工，各岗位和部门在客货运输生产过程中产生大量基于航班的信息，并依靠相互关联的信息对市场营销、运输生产、旅客服务等过程进行管理、控制、指挥和协调。大部分的航班运输生产信息属于民航运输生产部门的内部运行信息。

一、航班信息

航班信息是民航运输市场、运输生产和旅客服务中最基本的信息。

（一）航班计划信息

本教材第四章中简要介绍了航班计划的编制过程。航班计划中蕴含了大量的信息，实际上反映了一个航空公司的综合实力。航班计划中，包含以下几个基本信息，参见第四章的表 4-3。

1. 航班号

航班号不仅在航班计划中用于唯一标识某一具体航班，以区别于其他航班，而且是所有运输生产和旅客服务过程中都需要使用的信息，用于指示所保障和执行的具体航班。此外，只有经过民航管理部门和有关管理部门审批成立并且已经获得航线经营许可的航空运输企业，才能使用合法的航班号。

通常，航班的来回程成对出现，去程航班号尾数为单号，回程为双号，例如，CA1503 为北京—南京航班，回程则为 CA1504。另外，有时一个航班有两个或多个航班号，这是代码共享航班，排第一个的航班号代表该航班的执飞航空公司。

2. 航线

航线即起飞站和到达站，标明航班号所代表的航班飞行的航线，蕴含着有适合航班运营的市场信息、运输飞行的航路信息、满足航线飞行要求的飞机信息、航班运输飞行的地面保障信息等。

3. 航班时刻

航班时刻即航班飞机的起飞时间和到达目的地的时间。这一信息反映了航班的市场价值和航空公司的市场竞争力，也反映了航线城市对航班飞行的时刻限制条件。

4. 机型与舱位等级

机型与舱位等级标明该航班将使用的飞机型号，意味着飞机的大小和舱位布局情况，也反映了该航班的航线市场情况。通常，如果航线远，则需采用大飞机；如果商务客多，则会布置头等舱或商务舱，否则就使用一种舱位：经济舱。从航空公司的航班计划机型也可以看出该航空公司的机队结构和市场特点。

5. 班期

班期反映了该航线上的市场容量和竞争情况。通常，在经济发达地区的航线上，竞争力较强的航空公司班期和航班频次都会比较高。

因此，航班计划或航班时刻表也反映了航空公司的综合实力情况。

（二）航班动态信息

航班动态信息用于反映航班的实际执行情况。

例如，民航部门审批公布的航班计划在实际执行时，航班飞机已正点起飞或者到达，或由于天气原因需要推迟起飞或取消，或因为市场原因需要调整机型，或中途备降在某机场，等等，都需要及时向各有关民航单位或部门通报该航班的实际运行状况。

（三）航班信息显示系统

为了方便旅客随时了解航班动态、引导旅客办理相关乘机手续、通知旅客行李提取，除了设置相应的公共信息图形标志、及时广播航班信息之外，在机场候机楼和机场附近的宾馆等公共场所，还装配航班信息显示系统，通过电视和数码显示屏等显示设备，及时显示航班进展情况及与航班相关的信息，如图9-4、图9-5所示。图9-6所示为航班行李提取信息显示。图9-7所示为基于计算机和网络通信的机场航班信息集成管理系统功能框架结构示意图。

图9-4 出发航班信息显示

图9-5 到达航班信息显示

图 9-6　行李提取信息显示

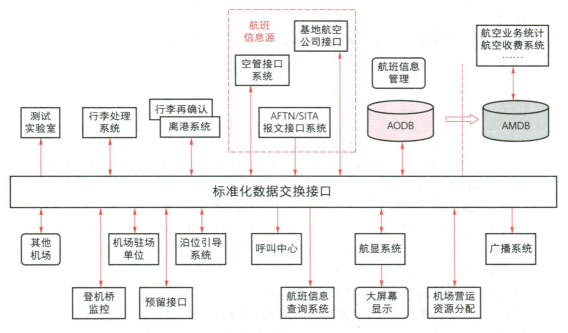

图 9-7　航班信息集成管理系统功能框架结构示意

二、民航电报通信

民航系统内部各业务部门之间的信息交换，为保障信息通信安全、信息传递的及时性，通常采用专门的远程通信手段和工具——民航内部电报。

电报曾经是一种广泛使用的格式化文本专用通信方式，现在已被电话和互联网取代。在民航系统内部，现在依然采用专门的民航内部电报系统进行生产类和管理类信息的传递，它是民航运输生产不可缺少的重要通信手段，以保障民航系统内部通信不受外部通信的干扰，确保航班运行和指挥协调通信安全。

民航电报通常分为两种制式，一种是空管部门使用的 AFTN 格式电报，还有一种是航空公司或机场使用的 SITA 格式电报。

在民航运输生产过程中，通过固定格式的标准电报，及时向相关机场、航空公司或空管等有关部门通报航班运行状况，包括航班飞机的准备、起飞、空中飞行、到达目的地机场的全程运行各阶段的动态信息，以便相关部门进行配合或做好准备。

有关航班运行的常用电报有：动态电报（MVT）、起飞电报（AD）、降落电报（AA）、延误电报（DL）、取消电报（CNL）、飞行预报（PLN）和飞行放行电报（CLR）等几大类。

以下是一个航班动态电报的起飞电报报文举例。

MVT（注：电报类别标识——航班动态电报）

CA 1501/01AUG B2443 PEK（注：航班号/日期 航空器注册号 起飞机场）

AD 0050/0102（注：起飞代码 撤轮档时间/离地时间）

EA 0232SHA（注：预计降落代码 预计降落时间 降落机场）

SI：PAX203（注：补充信息，旅客203名）。

民航电报通信系统由专门的航务部门和技术人员负责管理和操作。

第四节　民航运输生产信息服务

首先让我们领略一下民航旅客售票产生的信息量。

据统计，2019年，中国民航旅客运输完成6.5亿人次。通常情况下，每一位旅客订票产生的基本信息包括以下内容。

（1）旅客基本信息：姓名（汉字和拼音）、身份证号、联系电话。

（2）航班信息：航班号、航程、航班日期（年、月、日）和时刻、舱位等级、中间经停站。

（3）票价信息：票价，货币类别。

（4）订座信息：出票情况（预订、出票、取消、退票、改签等）。

（5）旅客特别需求说明：如无陪伴儿童、需要轮椅或担架、客舱餐饮要求等。

根据民航旅客信息管理要求，每一位旅客信息需要保存至少2年。

根据以上订票要求，以2019年的客运量为例，可以估算一下关于旅客订座的信息量。在民航旅客订座系统中进行处理和保存的旅客基本信息量为（每位旅客订票信息按100个字节计算）：

旅客基本信息 ×6.5亿 ×2年＝100字节每客 ×6.5亿 ×2年＝1 300亿字节（约合121 G字节）。

此外，还有大量的航空公司运营信息、机场运行管理信息、空管的航班运行控制信息等。如此之大的信息量，如果没有庞大的计算机系统和信息管理系统进行存储与处理，将无法满足当今民航运输业的发展需求。

一、管理信息系统

管理信息系统（Management Information System，MIS）通常是指利用计算机系统进行管理的计算机应用软件系统，用于采集数据、规范数据、存储数据，根据管理业务流程分析和处理数据，并支持辅助决策。管理信息系统主要用于非实时控制的生产或办公流程管理，规范和统一数据源、规范业务管理流程、优化和管理生产或办公流程、对业务数据进行统计分析，是现代企业管理和办公自动化的重要工具，能够提高管理效率和管理水平。民航计算机订座系统、航班运行控制管理系统、机场运行管理系统、办公自动化软件等，都属于应用在不同业务领域的民航业务管理信息系统。如同飞机和机场跑道一样，这些民航业务管理信息系统都已成为民航运输企业的重要生产设施。

以下重点对民航运输生产管理的几个主要管理信息系统做一简要介绍，参见图9-8。

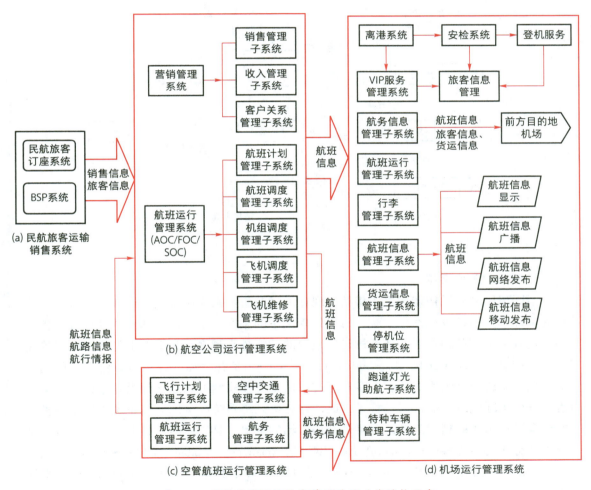

图 9-8　民航旅客运输信息管理系统功能结构示意

二、航空公司运行信息管理

航空公司运行信息管理，通常是以航班运营为中心的航空公司日常运行信息综合管理，主要包括民航旅客运输销售管理和航班运行管理等，参见图9-8（b）。

（一）民航旅客运输销售系统

民航旅客运输销售系统主要用于航空公司的旅客航班运输（即客票）销售，主要功能包括计算机订座系统、销售结算与清算系统（billing & settlement plan，BSP）、收入管理系统（revenue management system，RMS）和客户关系管理系统（customer relationship management，CRM），如图9-9所示。

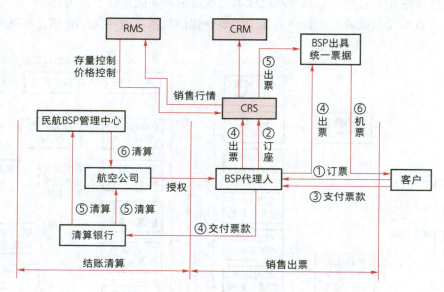

图9-9　民航旅客运输销售系统结构示意图

1. 计算机订座系统

不同于民航发展初期的手工售票，现在的民航旅客销售系统是一个以旅客订座为核心的全球性大型计算机网络系统，每天处理大量的旅客订票、订座和出票处理等销售交易。随着电子商务的发展，计算机订座系统的功能越来越多，包括网上订房、租车等业务。全球分销系统（global distribution system，GDS）是在普通的计算机订座系统的基础上增加了旅游产品销售等功能，客户通过电话或者互联网可以连接到世界上任何一个角落，进行国际航空运输市场销售。因此，计算机订座系统或全球分销系统不仅是一种民航旅客运输市场的销售工具，而且是开拓市场的重要工具。目前世界上的计算机订座系统主要有北美洲的Sabre和Worldspan、欧洲的Amadeus、Cendant-Galileo Sahara、中国的Travelsky（中航信）、东南亚的Abacus、韩国的Topas、日本的Axess和Infini、南太平洋的Fantasia等。

2. 销售结算与清算系统

如图9-9所示，是国际上普遍实行的一种航空旅客运输销售结算方式。它基于计算机网络通信和自动清算系统，使用国际上统一格式规范的票据凭证（即所谓的"中性凭证"）供代理人用于销售业务，制作销售报告，并通过指定的银行自动进行票款结算、转账与付款，避免航空公司和代理人之间多种票证、多头结算、多次付款的复杂而不规范状况，为航空公司和代理人节约了大量销售开支，提高了工作效率和服务质量。采用这种结算方式，可以规范民航运输市场销售业务行为，方便民航运输企业之间的业务结算，提高结算效率和清算质量。中国所有航空客货运输销售都必须通过销售结算与清算系统进行清算。销售结算与清算系统是国际航空运输协会根据协会会员航空公司要求，为适应国际民航运输市场销售的需要，扩大销售网络和规范销售代理人行为而建立的一种供销售代理人使用的中性客票销售和结算系统。该系统于1971年开始在日本投入使用，目前已广泛应用于全球。中国的航空公司使用的计算机预订系统和销售结算与清算系统由中国民航信息网络股份有限公司负责提供和管理。

3. 收入管理系统

收入管理系统是一种基于计算机预订系统进行订座和出票的管理信息系统，其主要功能是，系统根据计算机订座系统销售的实际行情对市场趋势进行动态预测，并根据市场变化趋势与销售过程中的价格和座位存量等进行策略性的销售控制，包括超售（over booking），使得航班收入最大化。收入管理系统不仅对收入进行管理，而且还对航班成本进行管理，以提高航班利润，因此，也称之为收益管理系统。

收入管理系统的主要特点是：以市场销售和航班离港数据为依据，针对市场销售动态和预测的趋势进行"实时定价"和确定动态销售策略，重点关注高端市场，力求现有资源能够使得销售收入最多。目前世界上不少航空公司已经广泛使用收入管理系统，收到了显著的经济效益。中国已有部分航空公司使用从美国 PROS 公司引进的收入管理系统。

4. 客户关系管理系统

客户关系管理系统是一种基于计算机预订系统销售信息（或机场离港信息）的管理信息系统。其主要功能是，运用信息技术，通过计算机订座系统或全球分销系统等销售系统，收集旅客或客户的出行、偏好等相关信息，分析旅客或客户对航空公司的累积贡献和潜在价值，挖掘高价值客户，并以客户满意为目标，通过一系列服务措施，如生日短信问候、特殊气象信息短信、电话询问、里程奖励、会员俱乐部等方式，培养客户忠诚度，达到巩固现有市场、发展和拓展高价值客户市场的目的。客户关系管理系统中目前运用最为广泛的是常旅客计划（frequent flyer program，FFP），通过里程奖励等办法吸引旅客，巩固和拓展客户市场。客户关系管理系统的另一个重要作用是，销售部门能够集中管理高价值客户信息，可以避免传统销售过程中客户信息随销售人员流动而流失的状况。

5. 电子商务

随着互联网技术和移动通信技术的广泛应用，航空公司旅客运输销售不仅可以继续借助代理人的销售力量，而且通过互联网网站和个人移动设备（手机、Pad）进行直接销售。航空公司通过发展电子商务，不仅扩大了销售渠道，而且降低了销售成本，增加了直接销售收入。

（二）航班运行管理系统

航班运行管理系统是航空公司直接管理航班运行过程的一种生产性管理信息系统。航班运行管理系统有多种名称，有的称为 FOC（flight operations control），有的称为 AOC（airlings operation center），还有的称为 SOC（system operation control），其基本功能都是对航班运行过程及相关生产进行管理，包括航班计划管理、航班调度、机组排班、飞机调度、配载平衡、签派飞行、飞机维修等功能。

三、机场运行管理系统

如同第四章所介绍，航班运行保障的大部分工作都在机场进行。在机场运行指挥调度中心的统一指挥协调下，根据航班保障流程，正常、有序地实施航班的每一项保障任务。图 9-8（d）所示为机场运行管理系统的主要功能结构示意图。图 9-10 所示为机场运行指挥调度管理信息系统的功能分块及各模块之间的信息流向。

四、空管航班运行控制系统

空管航班运行控制系统参见图 9-8（c），主要用于空中交通管理的日常运行管理，包括如下主要功能。

（1）根据各航空公司报送的航班飞行计划，制定辖区空域航班飞行计划，并进行飞行动态计划、次日计划、长期/临时计划的管理。

（2）通过网络接收来自空管监控雷达和相关单位的数据，实时监控管制空域内飞机的运行状态，实时监控空域流量，进行流量预测及预警告警，显示各种模式目标的飞行轨迹（目标跟踪航迹、预测航迹、飞机标牌、尾迹等）。

（3）报文处理，包括各种报文发送、接收、转发、重发和查询。

（4）提供航行情报服务。

本 章 小 结

信息服务是现代民航运输生产和服务的重要内容，包括：各种形态和形式的旅客信息服务，以方便旅客出行；贯穿民航运输服务全程的生产信息服务，为各个生产环节和生产部门提供行为和决策依据，提高各生产环节和各生产部门的协调性和合作水平，提高整体的航班服务质量。

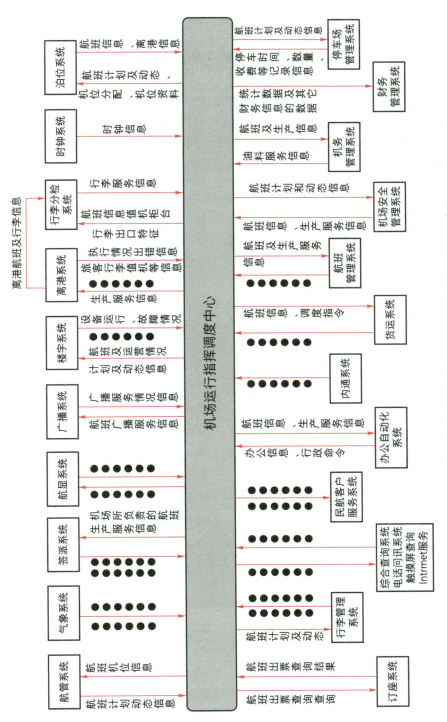

图 9-10　机场运行指挥调度管理信息系统的功能分块及信息流

思 考 题

1. 什么是信息？信息的表达方式有几种？

2. 什么是数据、数字和数目（或数量）？请分别举例说明。

3. 什么是信息服务？

4. 民航旅客信息服务包括哪些内容和哪些形式？

5. 为什么要运用计算机对民航旅客运输生产过程进行管理？

6. 分别说明航空公司、机场和空管的生产运行管理信息系统的主要功能、主要信息和主要业务流程。

附录 <<<<<<<

附录 1　国内旅客货物运输航空公司二字码

附录 2　国内民用运输机场三字码

参考文献

［1］ 中国民用航空局发展计划司.从统计看民航（2020）.北京：中国民航出版社，2021.

［2］ 刘功仕.航空运输经济手册.北京：中国民航出版社，1994.

［3］ 汪翠华.报国志、赤子情——记"两航"起义人员.国际航空报，2002，11：2

［4］ 李江民.国际民航运输管理手册.北京：中国民航出版社，1997.

［5］ 中国社会科学院语言研究所词典编辑室.现代汉语词典.5版.北京：商务印书馆，2005.

［6］ 中国民用航空总局政策法规司.国际民用航空条约汇编.北京：中国民航出版社，2005.

［7］ 周琨，夏洪山.基于协同多任务分配的飞机排班模型与算法.北京：航空学报，2011，32（12）：2293—2302.

［8］ 周晶，杨慧.收益管理方法与应用.北京：科学出版社，2009.

［9］ 刘仲英，管理信息系统.3版.北京：高等教育出版社，2023.

读者意见反馈

为收集对教材的意见建议，进一步完善教材编写并做好服务工作，读者可将对本教材的意见建议通过如下渠道反馈至我社。

咨询电话　400-810-0598

反馈邮箱　gjdzfwb@pub.hep.cn

通信地址　北京市朝阳区惠新东街 4 号富盛大厦 1 座

　　　　　高等教育出版社总编辑办公室

邮政编码　100029

责任编辑: 张卫

高等教育出版社　高等职业教育出版事业部　综合分社

地　　　址: 北京市朝阳区惠新东街4号富盛大厦1座19层

邮　　　编: 100029

联系电话: (010) 58582742

E-mail: zhangwei6@hep.com.cn

QQ: 285674764

（申请配套教学资源请联系责任编辑）